もう「謎マナー」に
振り回されない

社会人が今
知っておくべき
「これだけ」
マナー

利重牧子 監修

本書の読み方

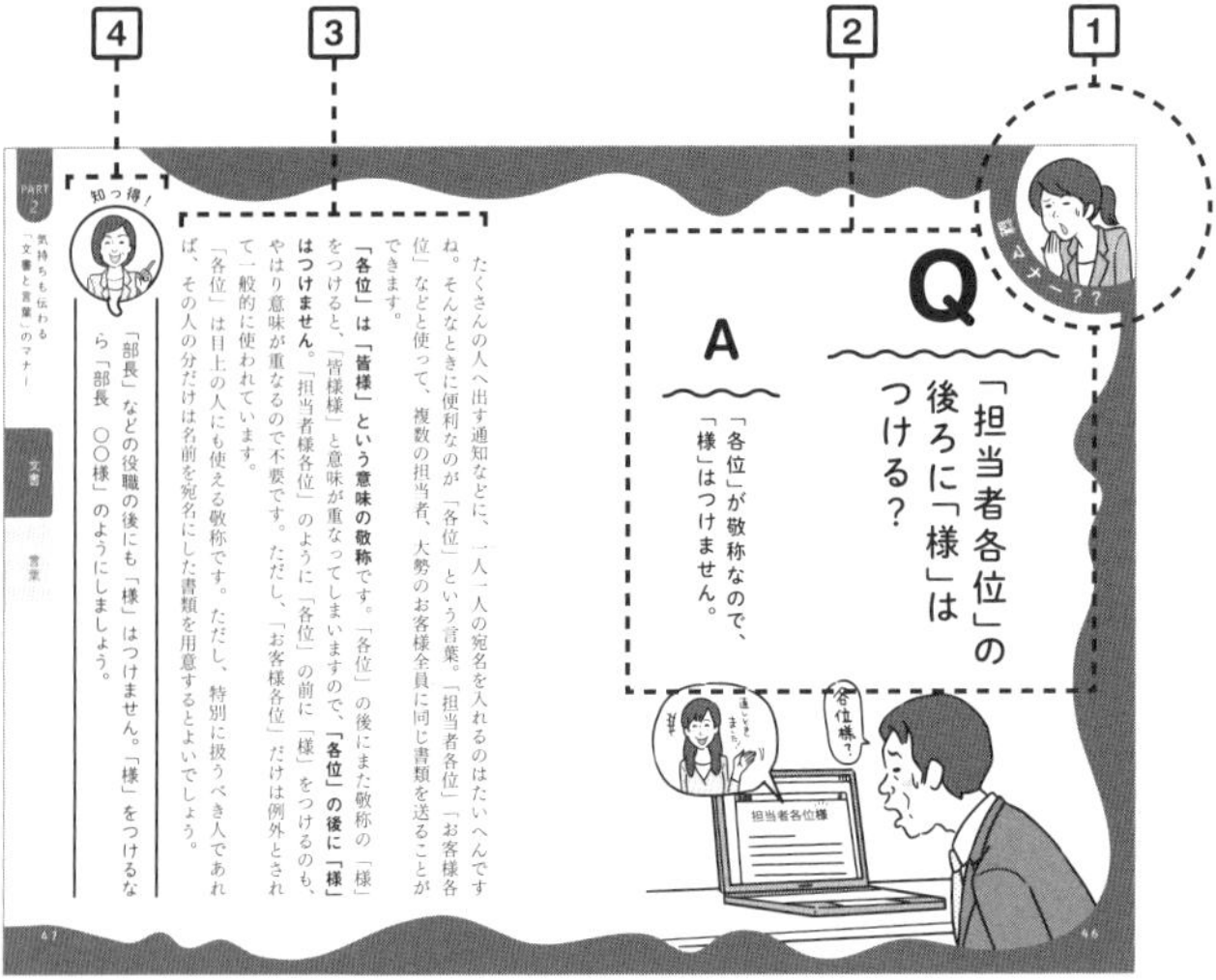

たくさんの人へ出す通知などに、一人一人の宛名を入れるのはたいへんですね。そんなときに便利なのが「各位」という言葉。「担当者各位」「お客様各位」などと使って、複数の担当者、大勢のお客様全員に同じ書類を送ることができます。

「各位」は「皆様」という意味の敬称です。「各位」の後にまた敬称の「様」をつけると、「皆様様」と意味が重なってしまいますので、**「各位」の後に「様」はつけません**。「担当者様各位」のように「各位」の前に「様」をつけるのも、やはり意味が重なるので不要です。ただし、「お客様各位」だけは例外とされて一般的に使われています。

「各位」は目上の人にも使える敬称です。ただし、特別に扱うべき人であれば、その人の分だけは名前を宛名にした書類を用意するとよいでしょう。

知っ得!

「部長」などの役職の後にも「様」はつけません。「様」をつけるなら「部長　○○様」のようにしましょう。

1 謎マナートピック

噂に聞くちょっと不思議なマナー、「謎マナー」を各章の冒頭でとり上げます。

2 ビジネスマナーQ&A

仕事中に浮かびがちなビジネスマナーの疑問をとり上げます。このページを読むだけで、疑問を素早く解決できます。

3 詳しい解説

2でとり上げたビジネスマナーをやさしく解説しています。

4 知っ得!

知って得する+α情報です。

はじめに

私たちは、何かに迷ったとき誰かにたずねたり、調べたりします。しかし多くの情報が行き交う今の時代、何がほんとうのことなのかわからなくなることがあります。マナーについても、ほんとうに必要か迷う「謎マナー」を耳にすることもあるでしょう。

この本は、そんな「マナーの謎」についてできるかぎり根拠を示しながら、丁寧に解説しています。

マナーは、人とのかかわりを滑《なめ》らかにするための言葉や動作による表現のしかたです。暗黙のうちに生まれた約束事をもとに、相手に気を配り不快にさせないようにする気持ちを、行動で表すことです。約束事は、時代の流れとともに変化していくものもありますが、相手を思いやる気持ちは不変です。その気持ちは、多くの人に「幸」をもたらします。

感染症の流行が起こり、対面の少ない新しい生活様式がとり入れられました。多くの人がそのことにとまどい、新たな道しるべを求めています。大丈夫です。どんな時代もマナーの気持ちは、変わりません。

本書では対面のマナーを軸に、オンライン社会に合った新しいマナーも加えています。お役に立てればうれしく思います。

利重牧子

PART 1
今いちばん知りたい「リモートワーク」のマナー

PART 2

気持ちも伝わる「文書と言葉」のマナー

PART 3 ポイントを押さえて怖くない「連絡」のマナー

PART 6

これだけ覚えて一安心「社外」のマナー

PART 7 社会人の品格を上げる「冠婚葬祭」のマナー

PART 8
円満に仕事が進む「コミュニケーション」のマナー

PART 1

今いちばん知りたい「リモートワーク」のマナー

リモートワークのマナー三箇条

1

基本は対面と同じです。

相手への敬意や笑顔、挨拶がポイントです。

2

公私をきっちり分けましょう。

時間や気持ちのスイッチの切りかえはしっかりと。

3

環境整備も仕事の一つ。

バッテリーやネットワーク環境の確認はこまめに。

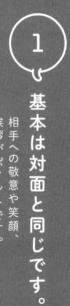

Q

オンラインミーティングのモニター表示位置にも席次があるってほんと？

A

気にしなくてよいでしょう。

パソコンのモニターの中にも上座と下座が!? ちょっと気になってしまう話ですが、現在一般的に使われているオンラインミーティングのアプリは、モニターの表示位置を、ユーザーが設定できないものがほとんどです。入室した順番で表示位置が決まったり、発言した人が大きく表示されたりするしくみのものが多く、モニターの表示位置に**席次のような序列はないと考えてよい**でしょう。

むしろ、席次がないことがオンラインミーティングの長所ともいわれています。上下関係にとらわれすぎることなく、自由な意見交換ができるので、対面での会議では出ないようなアイデアが生まれることも。

また、対面の会議では座席によって、顔の見づらい人も出てきますが、オンラインミーティングはお互いに出席者全員の顔を正面から見ながら話のできる機会です。モニターの表示位置は気にせずに、**出席者一人一人の様子や反応などをよく見て、それぞれの考えや気持ちをくみとれるとよい会議になりそう**ですね。

謎マナー？？

Q

オンラインミーティングが終わったら、さくっと退室していい？

A

上役の退室を待って退室するのが無難です。

まだかな……
まだかな…
OFFLINE
OFFLINE

オンラインミーティングがやっと終わったのに、ホストは会議室を閉じないし、取引先や上司の顔はいつまでもモニター上に……。

こんなとき、大名行列の通過を待つようにWEBカメラの前で頭を下げつづけて「お上」の退室を待つ、という謎マナーも耳にしますが、これはきっと冗談。頭を下げている必要はありません。

ですが、**退室は目上の人が先**、と考えておくとよいでしょう。オンラインビジネスのルールはまだ確立されていませんが、電話を切ったり、対面の会議を退室したりするのも目上の人が先なので、それに準じて考えます。つまり、取引先や上司が退室してから退室する、ということになります。

このとき、カメラの前でただじっとして待つのではなく、**先に退出する人に笑顔で軽く会釈**をするとスマートです。ホストは最後に退室しますので、順番がきたら一言挨拶をしてすみやかに退室したいものです。

反対に、参加者の中であなたが目上にあたる場合は、会議終了次第すみやかに退室することを心がけましょう。

Q

リモートワーク中、業務用のメール通知をオフにしたい。

A

就業時間中はオンが基本です。

集中して仕事をしているときに、スマホやパソコンから「ピローン♪」とメールの着信通知音が何回も。仕事の連絡だとわかっているけれど、気が散って仕事がはかどらないので、通知をオフにしたいということ、ありますね。

でも、**リモートワークのときはメール通知をオンに**しましょう。メールへの反応がないと、あなたが急病で倒れているのではないかなどと、会社の人は心配します。社内での勤務と違い、連絡手段がかぎられるリモートワークでは、メールは貴重な連絡の手段。遮断してしまわないようにしましょう。

とはいえ、着信のたびにメールを確認していると、たしかに仕事が進まないかもしれません。急ぎの仕事をしているときは、メールが届いていることだけ気にとめておいて、一時間に一回などと時間を決めてメールの確認をするという方法もあります。**急ぎの用件にはすぐ返信をし、緊急でないものは後で対応**すれば、仕事の時間を確保できますよ。

あなたの上司や同僚も、自分の仕事をしながらあなたのメールに対応してくれています。あまり頻繁《ひんぱん》に「ピローン♪」と鳴らさない心づかいを。

Q

リモートワーク中の人には、いつ電話してもいい？

A

通常出勤の業務時間内を目安にかけるようにしましょう。

自宅で仕事をしている人は、ずっと仕事場にいるようなものだからいつでも連絡ができる、とつい思ってしまいますね。しかし、リモートワークをしている人にも、オンとオフの切りかえがあります。**仕事の電話は、オンの時間内にかけるように**しましょう。

自社の人なら、通常出勤の業務時間内であれば問題ありません。他社の人など、業務時間がわからない場合は、**午前十時より前、午後六時より後は避けると無難**です。頻繁《ひんぱん》に連絡をする相手なら、あらかじめ電話をしてもよい時間を聞いておくとよいでしょう。

また、電話をかけたときには、最初に「今お話ししてもいいですか？」の一言を。仕事中であっても、自宅には家族がいるなど、すぐに電話に対応できないこともあります。念のため都合を確認しましょう。

知っ得！

自宅でリモートワークをするときは、なるべく電波のつながりやすいところを仕事場にしましょう。

Q

自宅からでも
自由に
会社のデータに
アクセス
していい？

A

必ず会社の規定に
従いましょう。

自宅でリモートワークをするとき、多くの場合、会社のデータにアクセスする必要があります。社内ＬＡＮへの接続、クラウドでのデータ共有など、さまざまな方法がありますが、アクセスする際は会社の規定に従って、**指定された方法で正しくアクセス**しましょう。

データへのアクセスで、とくに注意するのは情報の保護です。パスワードの管理、指定されたセキュリティソフトの導入など、**セキュリティ対策を万全に**おこない、情報が社外に漏れないようにします。許可なく会社からデータを持ち出したり、自宅のパソコンにデータを保管したりするのは避けます。データは会社の大切な財産なので社内保管が原則。メンテナンスなどのためデータに接続できない時間帯もあるので、営業時間内での業務を心がけましょう。

自宅以外でも、出張先、営業先などから会社のデータにリモートアクセスをする機会が増えています。セキュリティやデータ通信について、日ごろから勉強しておくと、トラブルがあったときにも落ち着いて対処できますよ。

そして、万が一トラブルが起こったら、すぐに会社に連絡しましょう。

Q

リモートワーク中、雑談したらだめなの？

A

通常の業務中にしている程度の雑談なら問題ないでしょう。

「今年の冬は雪が多いですね」「〇〇社の新製品、食べてみましたよ」など、社内で一緒に働いていると、ちょっとした雑談を自然にしています。ところが、リモートワークになると、雑談の機会は激減。対面ではないオンラインミーティングやチャットルーム、メールなどでは、会話は必要最低限にとどめ、無駄話をしてはいけないような雰囲気になってしまいますね。

ですが、雑談はとても大切だ、という意見も案外多いのです。息抜きや気分転換になる、ということもありますし、雑談から企画や商品のアイデアが生まれることもあります。また、日ごろから**雑談をしていると、業務上の相談もしやすくなる傾向**もあるようです。上司の目が届かないのをいいことに、雑談大盛り上がりで一時間！　というのは困りますが、**社内でしている程度の雑談**ならリモートワークの効率も上げてくれるでしょう。

知っ得！

オンラインミーティングなら、ホストの側から雑談タイムを設けるといった工夫があるとよいですね。

Q

オンライン
ミーティングでは
五分前に
入室するよう
言われたけど……。

A

オーディオチェック
などのため、
五分前入室が理想的です。

対面の会議と違って、机を並べ直したり資料を配ったりする必要がないので、オンラインミーティングならぎりぎりの入室でもよさそうですね。でも、オンラインならではの準備もあるので、**五分前には入室できるように準備しておく**と安心です。

ミーティングアプリの仕様にもよりますが、ホストは十分から五分くらい前にオンライン会議室を開くことが多いようです。入室すると、ホストから**音声や映像の状態を確認**されることがあり、場合によってはマイクやカメラの調整が必要になります。参加者の多い会議だと、このやりとりだけでもそれなりの時間がかかります。また、時間ぎりぎりまで入室せずにいると、ホストはどうしたのだろうと気になるものです。

カメラや音声チェックが終わったら時間までカメラをオフ、音声はミュートにして、開始直前にオンに変える方法もあります。あなたがホスト役になったときは、このように案内をして、参加者の気持ちを楽にしてあげると親切ですね。

Q

社内の人とのオンラインミーティングならカメラはオフでもいい？

A

特別な事情がなければ、顔を出して参加した方が信頼感が増します。

取引先や初対面の人ではなく、親しい社内の人となら、なにも顔を見せなくてもちゃんと話はできる……。たしかにそのとおりですが、オンラインミーティングでも「一堂に会した」という見た目の実感を求める人もいます。また、出席者のちょっとした反応や表情も重要な情報と考える人もいます。

一方、とくに自宅でのリモートワークの場合、プライベートな空間を見る、見られるのが嫌という人も少なくありません。「顔を見せるべき」「見せなくてもいい」とさまざまな意見があり、絶対の正解はなさそうです。

もし、なんらかの事情でカメラをオフにしたい場合は、**会議の最初だけ顔を見せて**挨拶をしてはどうでしょうか。そして、「家族が出入りするので」「カメラの具合が思わしくないので」などと**事情を説明して了解を得たうえでカメラをオフに**します。黙ってカメラをオフにすると、こっそり会議を抜け出したように見えて、他の出席者から失礼と思われるかもしれないので気をつけて。

オンラインビジネスのマナーはまだ定まっていません。常識・非常識を決めつけず、相手の気持ちと自分の都合の折衷案《せっちゅうあん》を探してみましょう。

Q

画面共有するとき、
「画面
お借りします」
って変じゃない？

A

「資料を共有しますので、
ご覧ください」が
わかりやすいでしょう。

発見されたばかりの新種の植物や動物に名前がないように、新しくできた行為を言い表す言葉もありません。オンラインミーティングのときに、自分の用意した資料を出席者のモニターに表示することを、どんなふうに表現したらいいでしょうか？

「画面お借りします」は丁寧ですが、オンラインミーティングに不慣れな人やパソコンがあまり得意でない人にとっては、わかりにくい表現かもしれません。何が起こるのかが予測しにくいのではないでしょうか。

「みなさんのモニターの表示を切り替えて、全員に同じ資料を見せます」ということを伝えたいのですから、**「資料を共有しますので、ご覧ください」**という言い方なら、正確に伝わりそうです。場面によってはもっといい表現もあるかもしれません。出席者や会議の傾向に合わせて工夫してみてください。

知っ得！

使用するアプリによっては、共有機能がないこともあるかもしれません。事前に確認しておきましょう。

Q

部屋を見られたくない……。バーチャル背景を使ってもいい？

A

基本的にはＯＫです。ビジネス仕様の背景を選ぶとよいでしょう。

会社員で自宅に書斎のような仕事専用の部屋がある人は、あまりいないのではないでしょうか。ほとんどの人が、家の中のどこかをリモートワークの場に転用しているかと思います。そうすると、オンラインミーティングのときには、洗濯物を干せなくなってしまったり、人によっては大掃除が必要だったり……。ちょっと負担になりますね。

そんな不都合を解決してくれるのがバーチャル背景です。ミーティングアプリによっては、背景を設定で選べるものもあり、簡単に使用できます。

ただし、会社によっては使用を禁止している場合があるので**事前に確認が必要**です。また、バーチャル背景を使うと、モニターがチカチカしたり、服の色によっては背景と同化してしまったりという不具合もあるので、テストをしたうえで使うようにしましょう。

背景を選ぶときには、**「ビジネス用」とされているものがおすすめ**です。オフィス風、書斎風など、落ち着いたものが用意されています。ビーチの背景などは、リラックスしすぎてビジネスの場にそぐわないので避けましょう。

Q

スマホで参加したいけど、手元が不安定でカメラが動いてしまう。

A

まず安定させる工夫を。できなければホストに伝えましょう。

若い人たちの中には、自宅にパソコンがないという人もたくさんいます。パソコンなしで自宅からオンラインミーティングに参加する場合、スマートフォンを使うことになるでしょう。

そこで問題になるのが、端末の固定。ずっと手で持っているというのは現実的ではありません。手が疲れてしまいますし、ぴたっと静止させるのが難しいので、ユラユラとカメラが動きつづけて、モニターを見る人たちも落ち着きません。

最近では、スマートフォン用の**端末固定スタンド**がたくさん市販されているので、こういったものを使うのが確実です。用意できないときは、本や箱を使ってちょうどよい高さに設置するなど、工夫してみましょう。

どうしても**うまくいかないというときはホストに相談**を。音声のみの出席にするなど、対処をしてくれるはずです。

スマホでの会議参加は悪いことではありません。スマホでも不都合が生じないように、工夫と準備をしましょう。

Q

オンライン会議室に入ったときに、どうふるまっていいかわからない。

A

自分から積極的に挨拶をしましょう。

オンラインミーティングの入室ボタンを押すと、自分の顔がモニターに映り、すでに入室しているメンバーの顔もいくつか並んでいます。どの顔もどことなく所在なさそうで、微妙な雰囲気……。

そんなときはミュートを解除し、**あなたから元気よく挨拶を**しましょう。社内の人との会議なら、対面の会議のときのように「お疲れさまです」「よろしくお願いします」程度の挨拶でＯＫです。社外などの初対面の人がいたら、会議中あらためて自己紹介があるはずですが、簡単に名乗り「本日はよろしくお願いします」と挨拶をしましょう。挨拶をするときは、対面のときのように深々と頭を下げないのがポイントです。あまり丁寧に頭を下げると、ＷＥＢカメラに頭が近づきすぎて、お辞儀をしているのかカメラに頭突きしているのかよくわからない映像になってしまいます。**カメラを目で見ながら軽く頭を下げるくらいでじゅうぶん**です。顔を見せたままですから、にっこりと笑顔で！

会議前の挨拶は、スポーツのウォーミングアップのようなもの。元気な挨拶でよい雰囲気を作れたら、会議でも充実した話し合いができます。

Q

オンラインミーティングから黙って退室したら怒られた……。

A

退室するときは、必ずにこやかに挨拶をしましょう。

オンラインミーティングでは上役の後から退室するのが原則ですが、「残って○○さんと打ち合わせをするので、どうぞ先に退室してください」などと言われることもあります。それなら急いで退室しなくちゃ！　と慌ててしまって、挨拶を忘れて退室してしまうこともありそうですね。

オンラインであっても、人と一緒にした仕事が終わったときには必ず挨拶をしましょう。残っている人たちに「ありがとうございました」「お疲れさまでした」などと声をかけます。このとき、くたびれたーというような顔をせず、**笑顔で挨拶**しましょう。モニターから消える直前の顔は、案外印象に残るので、退室ボタンを押すまで笑顔をキープ。最後までにっこり笑った顔だと、残った人たちもいい会議だったなと感じるはず。

特別なことのようですが、対面に置きかえるとごく自然なことです。打ち合わせなどが終わった後は、笑顔で挨拶をして別れますね。オンラインでも同じようにふるまえばよいと考えましょう。

挨拶は習慣に。「挨拶しすぎ」と思われることはないので積極的に！

PART 2

気持ちも伝わる「文書と言葉」のマナー

文書と言葉のマナー三箇条

1

尊敬語は相手の行為に。

尊敬語は相手を敬う言葉。
「いらっしゃる」「おっしゃる」など。

2

謙譲語は自分たちのことに。

謙譲語はへりくだるときの言葉。
「うかがう」「申し上げる」など。

3

丁寧語で丁寧な言葉に。

丁寧語は文字通り丁寧に言うときに。
基本は「です」「ます」「ございます」。

Q

印鑑は上司の印鑑の方へ傾けて押すってホント……？

A

印鑑はまっすぐ押してください。

数人が承認印を押す書類などで、上役の印鑑の方へお辞儀をするように傾けて印鑑を押すことを「お辞儀ハンコ」というようです。印鑑社会、お辞儀文化の日本の習慣としていかにも！　な感じがしますね。でも、基本的に印鑑はまっすぐに押すものですので、**わざわざ傾ける必要はありません。**

会社によってはそういった慣習があるかもしれません。先輩や上司から傾けて押すように指導されたら従いましょう。お辞儀ハンコは社内のマナーで、**一般的には印鑑はまっすぐに押すもの、**とわかっていればOKです。

書類のペーパーレス化が進み、捺印《なついん》の省略や、デジタル印鑑の導入などの流れがありますが、それでも従来の印鑑を使う機会はまだ多く残っています。印鑑は指定された欄の中央にまっすぐに押しましょう。下に印鑑マットを敷くときれいに押せます。朱肉を使わないインク充填式《じゅうてんしき》の印鑑は、インクをときどき補充して、いつでも濃くはっきりとした捺印ができるようにしましょう。

そして何より、印鑑は自分が何かを確認したという重要なサイン。捺印時には、書類の内容をしっかり確認することを習慣づけましょう。

謎マナー??

Q

「担当者各位」の後ろに「様」はつける？

A

「各位」が敬称なので、「様」はつけません。

各位様？
直しときました！
担当者各位様

たくさんの人へ出す通知などに、一人一人の宛名を入れるのはたいへんですね。そんなときに便利なのが「各位」という言葉。「担当者各位」「お客様各位」などと使って、複数の担当者、大勢のお客様全員に同じ書類を送ることができます。

「各位」は「皆様」という意味の敬称です。「各位」の後にまた敬称の「様」をつけると、「皆様様」と意味が重なってしまいますので、**「各位」の後に「様」はつけません**。「担当者様各位」のように「各位」の前に「様」をつけるのも、やはり意味が重なるので不要です。ただし、「お客様各位」だけは例外とされて一般的に使われています。

「各位」は目上の人にも使える敬称です。ただし、特別に扱うべき人であれば、その人の分だけは名前を宛名にした書類を用意するとよいでしょう。

知っ得！

「部長」などの役職の後にも「様」はつけません。「様」をつけるなら「部長　〇〇様」のようにしましょう。

Q 「了解しました」は失礼な言い方なの？

A

目上の人やお客様には「承知しました」「かしこまりました」を。

「了解しました」も失礼な言い方ではありませんが、これは「わかった」の丁寧な言い方です。上司など目上の人やお客様には、丁寧なだけでなくもう一段**敬意をこめた「承知しました」**を使います。

『日本国語大辞典』によると、「承知」の意味は「目上の人の命令などをうけたまわること」とされています。「うけたまわる（承る）」は、謙譲語という敬語の一つ。つまり「承知しました」は、あなたが相手に対して敬意をもってその話を聞き、理解したと伝えられる言葉です。同じように使える言葉に「かしこまりました」があります。どちらも「わかった」の敬意をこめた表現です。

ふだん尊敬語や謙譲語を使わず丁寧語だけで話している社内の人たちになら、「了解しました」でも問題ありません。敬語は慣れないと使い分けが難しいものですので、社内でも同期には丁寧語、上司には丁寧語に加えて尊敬語や謙譲語、と敬語を使い分けて敬語に親しんでいきましょう。

なお、「承知」にはいくつか意味があり、「うそをついたら承知しないぞ」などと使うときは謙譲語ではありません。言葉って難しいですね。

Q

社名の「株式会社」、省略したらだめ？

A

書類では省略できません。

多くの会社の社名についている「株式会社」。たった四文字ですが、何度も書くとそれなりに手間がかかりますね。なくても通じるし、面倒だから省略したいと思ってしまいます。しかし、**書類や宛名には「株式会社」はマスト**。省略せずに書きましょう。

「株式会社」は企業形態を表す語で、会社名はこの企業形態と独自の社名を組み合わせてつけられています。「株式会社○○」「△△株式会社」はいわば会社のフルネーム。「株式会社」を省略するということは、個人名に置きかえると、名前を省略して苗字だけ記載するようなものなので、書類にはふさわしくありません。「有限会社」や「財団法人」なども同様です。また、**(株)のように略して書くのも避けましょう**。「株式会社」が社名の前か後かもよく確認して、社名は間違いのないように書きましょう。

知っ得！

一般に、「株式会社」が社名の前についているのを「前株《まえかぶ》」、後についているのを「後株《あとかぶ》」といいますよ。

Q

「〇〇株式会社
御中
△△様」は正しい？

A

個人宛ての場合、
社名に「御中」は
つけません。

取引先の人に書類や荷物を送るとき、宛名には会社名と個人名の両方を書きますね。このとき、個人名に「様」をつけることは迷わないけれど、会社名に「御中」をつけるかつけないか、自信がない……という人は多いのではないでしょうか。会社名を敬称なしで書いていいか、ちょっと心配ですよね。

でも、こういった場合は会社名に「御中」はつけなくてOK。一つの宛名の中に、複数の敬称は使いません。「○○株式会社　◇◇部　△△様」というように、**受けとってほしい相手にだけ敬称をつけます**。もし、担当者がわからなくて部署宛てに書類を送るのであれば、「○○株式会社　◇◇部御中」のように受けとってほしい部署にだけ敬称をつけます。

書類や荷物を確実に相手に届けるためにも、正確に伝わる宛名の書き方を身につけましょう。

知っ得！

社名、部署名、個人名をすべて書くと、とても長くなることがありますが、宛名は省略せずに書きましょう。

Q

返信はがきを出すとき、印刷された宛名の「行」はそのままでいい？

A

必ず「様」に直して投函しましょう。

会合への出欠の返事などのために、往復はがきや返信用のはがきが送られてくることがありますね。表書きの宛名はすでに印刷されているので、出欠だけ書きこめばそのまま投函できそうですが、よく見ると宛名の下に「行」の文字が。敬称なしで「行」なんて失礼だけど、わざわざ先方で印刷してきたものを直していいのかなあ？　と迷うかもしれません。

このような宛名の**「行」は二本線で消して横に「様」と書き直しましょう。**宛名が会社名や部署名なら「御中」と書き直します。

表書きを直したら、裏面も見直しを。出欠を選ぶところが「ご出席」「ご欠席」となっていませんか？　さらに、あなたの住所や名前を書く欄に「ご住所」「お名前」と入っていませんか？　この**「ご」「お」は先方があなたへの尊敬の気持ちでつけているものなので、これを二本線で消しましょう。**

必要事項だけ書きこんでそのまま投函できる便利な返信はがきですが、ちょっと手間をかけて相手への敬意を示す形に整えましょう。慣れていてもうっかりすることがあるので、投函前には表面裏面を一とおり確認する習慣を。

Q

手紙の時候の挨拶、九月だけど暑いから「猛暑の候」でいい？

A

実際の気候ではなく、暦の季節の挨拶に。

時候の挨拶は俳句の季語じゃないのよね…
冬の朝～

近年では、九月に入っても猛暑日がつづくということが少なくありません。毎日汗だくで秋の実感はまったくない……。それでも、**手紙などの時候の挨拶は、暦の上での季節に合わせる**のが基本です。

暦の上の季節とは、具体的には

春＝立春（二月四日ごろ）～五月五日ごろ
夏＝立夏（五月六日ごろ）～八月七日ごろ
秋＝立秋（八月八日ごろ）～十一月七日ごろ
冬＝立冬（十一月八日ごろ）～二月三日ごろ

です。旧暦にもとづいているので、現代の季節感とは少しずれていますが、手紙の挨拶文や寺社の祭礼などの儀礼的な物事は、伝統的な旧暦に従います。

旧暦で秋にあたる九月の時候の言葉には「新涼」「初秋」などがありますが、「こんなに暑いのに、ちょっとそぐわないな」と気になる人は一工夫を。「涼しさが待たれるこのごろですが、お変わりありませんか」のように、暑さがつづく日々の安否をうかがう挨拶もできますよ。

Q

縦書き文書と横書き文書、どう使い分けるの？

A

縦書きは儀礼的な文書（手紙）、横書きは実務的な文書（書類）向きです。

メールと違って、紙に印刷する文書では縦書きか横書きかを選ぶことができます。何を基準に選んだらよいでしょうか？

一般的に、**儀礼的、社交的な文書は縦書き**にします。お礼状、挨拶状、謝罪文など、「手紙」と言ってもよい文書です。こういった文書は、パソコンを使わずに手書きにすることもあります。一方、**実務的、事務的な文書は横書き**で作成されます。通知や報告、企画書や議事録などのいわゆる「書類」にあたる文書です。

数字などを多く含む実務的な文書は、断然横書きが便利です。縦書きでは数字の表記は漢数字が原則ですが、横書きなら算用数字で表記でき、アルファベットも使いやすく、数量や品番などをわかりやすく示すことができます。

それぞれの特徴をつかんで、ふさわしい「向き」を選びましょう。

かしこまった文書でよく見られる文頭の「拝啓」と文末の「敬具」はワンセットで使います。他に「前略」と「草々」などのペアも。

Q

会社の書類のフォーマットが使いにくい。オリジナルを作っていい？

A

無断でアレンジするのはNG。

届け出書類、請求書、会議の議事録など、会社にはさまざまな書類のフォーマットが用意されています。便利なはずのフォーマットだけれど、いま一つ使い勝手がよろしくない。ちょっと手直しをしたらずっと使いやすくなるのに、と不満を感じることもあると思います。でも、**会社にことわりなくフォーマットを変更するのは禁物**です。

とくに、見積書や請求書など社外向けの書類は、必ず会社のフォーマットを使いましょう。規定のフォーマットでないと、取引先はほんとうにあなたの会社から発行された書類か判断できません。社内でも、全員が同じフォーマットの書類を使っていないと、合算や集計の際に不具合が出るかもしれません。

どうしても使いにくいと思ったら、上司などに改善を相談しましょう。業務の効率がよくなる変更なら、会社も前向きに受け入れてくれるはずです。

知っ得！

印刷ずみのフォーマットを手書きで使う場合、書類棚の最後の一枚を使うときは、次の人のために必ず補充を！

Q

「大丈夫です！」という返事のしかたをしていいですか？

A

より伝わりやすく言いかえましょう。

何かをたずねられたとき、「大丈夫です」と答えることが多い、という人もいるかもしれませんが、これはちょっと困った言葉です。たとえば、あなたがお客様に「袋にお入れしますか？」とたずねたときに、「大丈夫です」という返事が返ってきたとします。さて、袋に入れてよいのでしょうか？　それとも入れなくていいということなのでしょうか？　**「大丈夫」はどちらの意味にもとれてあいまい**ですね。ビジネスの場では、NOの意味で使う「大丈夫」のような、あいまいな言葉を使うことはなるべく避けましょう。

それでは「大丈夫です」と言わずに、どんな返事をしたらよいでしょうか？　先ほどの袋の例で、袋に入れてくださいという意味なら、「お願いします」と言えば間違いなく伝わります。袋に入れなくてよいなら「袋は不要です」と言うと正確です。**返事は具体的に**、と心がけましょう。

知っ得！

他に「承知しました」や「問題ありません」、「差し支えありません」など、ときと場合によって使い分けましょう。

Q

「ご苦労さまでした」と上司に言ったらだめなの？

A

「お疲れさまでした」が一般的です。

「ご苦労さま」も「お疲れさま」も似た言葉のようですが、何が違うのでしょう？　『大辞泉』という国語辞典では、どちらも相手の苦労をねぎらう言葉としつつ、**「ご苦労さま」は目上の人から目下の人へ、「お疲れさま」は同僚や目上の人にも使う**、としています。文化庁の調査でも、実際にこのような使用傾向が認められたそうです。

目上の人に「ご苦労さま」を使わない傾向があるということを重んじて、上司には軽く頭を下げ、「お疲れさまでした」と挨拶しましょう。また、若い社会人にとっては、目下の人というのはあまりたくさんいません。誰かをねぎらうときは、基本的に「お疲れさまでした」と言うと安心ですね。仕事が終わって退勤する人への挨拶も「お疲れさまでした」でＯＫです。

なお、「お疲れさまです」という言葉も社内でよく使われます。これはとくに相手をねぎらうという意味があるわけではなく、ちょっとすれ違ったとき、電話で話すときなどの社員同士の軽い挨拶言葉です。社内メールの冒頭などで、用件に入る前の一文としてもよく使われています。

Q

取引先には「させていただく」という表現を使った方がいいですか？

A

過剰にならないように気をつけて使いましょう。

「させていただく」は、一般的には相手の許しを得てする、相手の都合に配慮して何かをする、というときに用いる表現です。たとえば「ご所有の物件を使わせていただきます」「ご不在のときにはポストに投函させていただきます」のような使い方です。

言葉そのものには問題はないのですが、あまり続けて使うととてもへりくだった、押しつけがましい印象になるので注意が必要です。とくに**相手の許可などを必要としないなら別の表現を**使うとよいでしょう。たとえば「連絡させていただきます」なら「ご連絡いたします」、「支払わせていただきます」なら「お支払いいたします」のような言い方でもじゅうぶん敬意を示せます。

ただし、地域によっては「させていただく」に抵抗がない、ということもあります。関西圏などでは「させてもらう」という言い回しが日常的に使われていて、「させていただく」はその敬語版。使う側にも聞く側にも自然な表現です。ビジネスの場では誰にでもわかりやすく気持ちのよい言葉を使うことが基本ですが、地域の文化に根ざした言葉にも柔軟に対応できるとよいですね。

Q

相手の会社を、口頭では「御社」、文書では「貴社」と呼ぶの？

A

どちらを使っても間違いではありませんが、使い分けるのが慣例です。

「御社」も「貴社」も、相手を敬《うやま》ってその人の会社を指して言う言葉で、意味は同じです。ただ、「貴社」は「記者」「汽車」「帰社」などの同音異義語が多い言葉です。**口頭で言う場合、「貴社」のことだとわかりにくいため、話し言葉では「御社」、書き言葉では「貴社」が用いられる**ようになりました。意味はまったく同じなので、本質的には同じように使ってよい言葉ですが、近年、話すときには「御社」、書くときには「貴社」と使い分けが広まっています。どちらを使っても間違いではありませんが、従っておくと安心でしょう。

相手がお客様でなく取引業者であっても、相手の会社を呼ぶときは敬意を示して「御社」「貴社」を使います。「お宅の会社」「そちらの会社」のような表現は避けましょう。

なお、相手の所属先が会社ではない場合、呼び方がさまざまに変わります。学校なら「御校」「貴校」、省庁なら「御省・御庁」「貴省・貴庁」、銀行なら「御行」「貴行」となります。会話の途中で迷ったら、「組織名＋様」で呼ぶ方法もあります。頭の片隅に入れておくと、とっさのときに便利です。

Q

「〜でよろしかったでしょうか？」は間違い？

A

誤用です。使わないようにしましょう。

「ご注文は以上でよろしかったでしょうか？」といったフレーズを聞くことがありますね。この「よろしかった」は「若者言葉」の一つといわれますが、どこが問題なのでしょうか？　「よろしい」は「よい」の丁寧語でこれはＯＫ。問題は「かった」という過去形の表現。たった今の注文ですから、「よろしいでしょうか？」が正しく、**過去形にする必要はありません**。なお、いったんオーダーを受けてテーブルを離れた後、確認に戻った場合なら、少し前のことの再確認なので「よろしかった」で不自然ではありませんね。

「よろしかった」は、飲食店やコンビニエンスストアなどでマニュアル語的に使われる傾向があることから、「アルバイト言葉」と呼ばれることもあります。代金を受けとるときの「○○円からお預かりします」もその一つ。「○○円お預かりします」「○○円いただきます」と言うのが正解です。

二十～三十代の人が使う若者言葉の中には、他の世代ではあまり使われないものが多くあります。世代差にご注意を！

Q

取引先との面談中、納得したときはどんな相づちをうてばいい？

a おっしゃるとおりですね。

b なるほどですね。

おかげさまで、大変ご好評いただいてて…
1.そうですね!
2.なるほどですね!
3.おっしゃるとおりですね
4.はい

正解 **a**

取引先やお客様の話を聞きながらうつ相づち。「はい」はオーソドックスですが、ずっと「はい」「はい」もなんだかおざなりな印象になりますね。相手の話に同意している、納得しているということを伝えられて、しかも丁寧な相づちをうちたいとき、どんな言葉があるでしょうか？

　bの「なるほど」は納得したという意味はあるものの、文法的には感動詞。「あら」「まあ」などの仲間で感情を表現する言葉です。「ですね」をつけて丁寧に表現しても、あらたまった場で使うには少し軽いかも。もっと理性的な言葉が望ましいでしょう。

「そうですね」などでもよいのですが、さらに敬意も示せる「おっしゃるとおりですね」を使ってみましょう。相手の話をよく理解していることや、**積極的な同意を表せる相づち**です。

知っ得！

「相づち」はもともと二人の鍛冶職人がタイミングよく槌《つち》をうちあうことを意味する言葉でした。

Q

自分の会社の高橋社長を、社外の人に対してなんて呼べばいい？

a 高橋社長

b 社長の高橋

正解

b

社外の人に対しては、自社の人のことはたとえ社長でも敬称をつけずに呼ぶのが原則です。社長を呼び捨てにするなんてちょっとひやひやしてしまうかもしれませんが、大丈夫。呼び捨てが正解です。友達とのおしゃべりでしがちな「うちの社長」のような呼び方は、ビジネスの場ではしないように注意しましょう。

反対に、他社の社長のことを呼ぶときには、「伊藤社長」というように名前の下に役職の「社長」をつけます。役職が敬称のかわりになるので、「伊藤社長様」などと「様」はつけません。「様」をつける場合は、「社長の伊藤様」のように名前の下に。「そちらの社長」「お宅の社長」などの呼び方はNGです。

社外の人には、自社の人のことは呼び捨てで呼び、他社の人のことは敬称をつけて呼ぶ、と基本を覚えておきましょう。

知っ得！

役職は変わることがあるので、人事異動の後などは注意が必要です。間違った役職で呼ばないように！

Q

お客様に説明書を見てほしいと伝えるときは？

a 説明書を拝見してください。

b 説明書をご覧ください。

こちらの説明書を…
えーっと…なんだっけ…
説明書を…？

正解 **b** **お客様の行為は尊敬語で**表します。「見る」の尊敬語は「ご覧になる」。「ご覧になる」ことをお願いするので「ご覧になってください」でもよいのですが、もう少しコンパクトな表現「ご覧ください」が一般的です。ただ見るのではなくよく読んでほしい、というときなら「ご確認ください」でもいいですね。

一方、aの**「拝見」は「見る」の謙譲語**です。謙譲語はお客様に対してするあなたの行為を表す言葉です。そのため目上の人に「拝見してください」と言うのはNG。尊敬表現の「なさる」をつけて「拝見なさってください」としても間違いです。

尊敬語と謙譲語は間違って使うと、敬《うやま》う・敬われる立場が逆転して失礼な言い方になってしまうので、注意が必要です。「拝」の字は自分の行動をへりくだって表現するときに使う漢字です。「拝見」「拝読」「拝聴」など「拝」がついたら謙譲語。自分の行動に対して使う言葉であって、お客様の行為を指して言わない、と覚えておきましょう。

Q

お客様に「自分の会社の担当者が知っている」と言いたいときは？

a 弊社の担当者が存じております。

b うちの会社の担当者がご存じです。

このタブレットの設定がわかりにくくて…
それなら…
うちの会社の担当者がご在じです…？

正解

a

自分の会社のことは謙遜して「弊社」と言います。「小社」でもよいのですが、必要以上にへりくだって聞こえるので、「弊社」がベター。そして、「知っている」はあなたの会社の人が知っているので、**謙譲語で「存じております」**と言います。似た表現で「存じ上げる」もありますが、こちらは誰かと面識があるという意味で使うことが多い表現。事情を承知しているという意味で使うなら、「存じております」がよいでしょう。

bは、まず「うちの会社」が失敗。友達などと話すときのカジュアルな表現で、あらたまった場にはふさわしくありません。また「ご存じ」は「知っている」の尊敬語です。自分の会社の人の行為や状態には尊敬語は使いません。「存じている」「ご存じ」はまぎらわしいですね。「弊社／存じております」「御社／ご存じです」とセットで覚えてしまいましょう。

知っ得！

口頭の場合「私どもの会社」という言い方も。会話の際は、「弊社」「小社」といった漢語より、和語の方が柔らかく聞こえます。

Q

お客様が商品を見たか確認したい。

a 商品はご覧になられましたか？

b 商品はご覧になりましたか？

二重敬語注意よ！
おっしゃられる
お見えになられる
お承りいたしました

正解 **b**

お客様の「見る」の尊敬語は「ご覧になる」です。相手に見たかたずねるときは、「ご覧になりましたか?」が正解です。

aの「ご覧になられましたか?」は、「ご覧になる」に尊敬の「れる」を重ねた二重敬語になっています。尊敬語をさらに尊敬表現にしているのだから最高の尊敬語！ と思ったらこれが間違い。**二重敬語は、尊敬表現、また謙譲表現を重ねる言葉の誤用**です。

よく聞かれる二重敬語の表現に「おっしゃられる」「お見えになられる」「お承りいたしました」などがあります。「おっしゃられる」は「おっしゃる」が尊敬語なので「れる」はつけません。「お見えになられました」は「お見えになる」が尊敬語なので「れる」はなしで「お見えになりました」。「お承りいたしました」は「承る」が謙譲語なので、「お～いたします」の謙譲表現は使わず「承りました」と言います。

丁寧に話そうと思うとたくさん敬語を使いたくなってしまいますが、敬語は一つだけに。正しく使えばシンプルな敬語できちんと敬意が伝わります。

Q

お客様に資料を渡すとき、なんて言う？

a 資料でございます。

b 資料になります。

正解

a

「資料です」を丁寧に表現した「資料でございます」が正解です。bの**「～になります」は「若者言葉」と呼ばれるもの**の一つです。よく耳にする表現ですが、気になるという人も多いので避けた方がよいでしょう。

「なる」は、何かになる、変化するという意味です。お客様に手渡す資料は、はじめから資料として用意されているもので、何かを転用しているわけではないはずなので、「資料になります」という表現はあいまいで不正確ですね。断定を避けて「～になります」と柔らかく表現したい気持ちがあるかもしれませんが、ビジネスの場では正確さがとても大切です。責任をもって簡潔に、かつ丁寧に用件を伝えることを心がけましょう。

なお、「資料の方はご覧いただけましたでしょうか？」のような**「方」を使った表現も若者言葉**の一つといわれています。なるべく丁寧に言いたい、という気持ちから使われているのかもしれませんが、ここでは「方」は不要です。「資料はご覧いただけましたでしょうか？」で相手への敬意はじゅうぶんに伝わりますよ。

Q

待ち合わせ場所で、田中さんらしき人に声をかけるときは？

a 田中様でございますか？

b 田中様でいらっしゃいますか？

正解 **b**

顔を知らない相手との待ち合わせは緊張しますね。この人かな、間違っていたらどうしよう？　などとドキドキしながら声をかけるとき、敬語のことまで気がまわらないかもしれないので、予習しておきましょう。

「田中さんですか？」と聞きたいわけですが、初対面なので敬称は「様」が基本。「ですか？」を、aは「ございますか？」としていますが、これは丁寧語です。一方、bの**「いらっしゃいますか？」は尊敬語が使われている**ので、こちらを選びましょう。

丁寧語は話の聞き手や読み手への敬意を表す言葉で、尊敬語や謙譲語は、行為する人やあなたの行為を受ける人への敬意を表す言葉です。「田中さんですか？」と声をかけるときは、聞き手も行為者（存在という行為と考えます）も田中さんです。「いらっしゃいます」は、「いらっしゃる」という尊敬語と、「ます」という丁寧語が組み合わさっているので、行為者の田中さんと、聞き手の田中さんへの敬意の両方が含まれているわけです。理屈はちょっと難しいですが、とにかく「田中様でいらっしゃいますか？」と覚えて待ち合わせ場所へ！

Q

鈴木さん宛ての電話、鈴木さんが休みのときはどう答える?

a 鈴木は休みをとっております。

b 鈴木は休みをいただいています。

正解 **a**

お客様からの電話だから敬意を示さなくちゃ！　というわけで「いただいています」と言いたくなってしまいますが、この場合は「休みをとっております」が適切です。なぜ「いただいています」ではいけないのでしょうか？

「いただく」は「もらう」を意味する謙譲語です。鈴木さんのお休みは会社からもらっているものなので、「休みをいただく」と言うと、休みを与えた自分の会社に敬意を示す表現になってしまいます。**お客様には、自分の会社に対する敬意は示さないので、この場合「いただく」は使いません。**「休みをとっております」でＯＫです。

なお、業務日に担当社員が不在なのですから、「申し訳ありません」などと言い添えるとベターです。

知っ得！

休みの理由などを説明する必要はありませんが、長期休みの場合は取引先にも「何日まで」などと伝えるようにしましょう。

Q

お客様に資料を持って来てほしいと伝えるときは？

a

資料をご持参ください。

b

資料をお持ちください。

マイバッグをご持参ください。
○△スーパー
ピーン
ご持参ください…？

正解 **b**

「持参」を和語にすると「持って参る」です。「参る」は謙譲語なので、「持参」も謙譲語にあたると考えられます。そのため、「こちらから資料を持参します」と使うのはOKですが、目上の人に使う「ご持参ください」はNG。お客様に「持って参ってください」と言うのは失礼ですね。

つまりは、スーパーやコンビニでよく耳にする「マイバッグをご持参ください」という一文も謙譲表現にあたります。街で耳にしがちなので、つい使ってしまいそうになりますが、「お持ちください」とお伝えしましょう。

なお、**「ご～ください」「お～ください」は相手への敬意をこめたお願いの表現**で、ビジネスの場で大活躍。原則として、相手にしてほしいことが「確認」などの漢字の熟語の場合「ご～ください」、「進む」などの訓読みの和語の場合「お～ください」を使います。

知っ得！

「○○をお持ちください」と入力すると、「お餅ください」と誤変換されることが。要注意です！

PART 3

ポイントを押さえて怖くない「連絡」のマナー

連絡のマナー三箇条

1

まず「お世話になっております」。

電話を受けたときの挨拶といえばこれ。
メールの冒頭にも使えます。

2

「失礼いたします」を最後に。

電話を切る前の挨拶の定番。
受話器を置く前に三秒待つのもマナー。

3

（笑）は使わないこと。

（笑）や絵文字、ラインのスタンプは、
ビジネスに不向きです。

謎マナー？？

Q

電話は三コール以内に出なきゃだめ？

A

三コールは目安。
なるべくお待たせせずに
電話をとりましょう。

ハイ！○×商事でございます！
プ
ガチャ！
…早すぎない？

電話応対はスポーツではないので、「三コール」は早さを競う基準ではありません。**お客様を長く待たせない**ための目安です。電話が鳴ったら、お客様から声をかけられているのだと考えましょう。そうすれば三コールを意識しなくても、自然とすぐに受話器をとることができるのではないでしょうか。

最近は、一回のコールで電話に出ることをルールにしている会社も。ただし、一回目のコールが鳴り終わらないうちに出るのもＮＧ。あまりに早いとお客様も心の準備がととのう前なので、びっくりしてしまうからです。

席を離れていたりすると、すぐに出られないこともあります。そんなときは、電話に出たらまず「お待たせしました」とお詫びをしましょう。

また、会社の電話は「もしもし」と出ないのが原則です。「もしもし」は現在では「聞こえていますか？」という確認の言葉として使われるのが一般的です。**電話に出る際は「はい、〇〇社でございます」と社名を名乗りましょう。**会社によっては「お電話ありがとうございます」などの挨拶と組み合わせた電話応対フレーズが決められている場合もあるので、確認しましょう。

Q

メールを複数の人に同時送信するとき、宛先のアドレスを役職順に並べる？

A

あまり気にしなくてよいでしょう。

宛先やＣＣのアドレスを**必ず役職順に並べなければならない、ということはありません**。使用するメールのシステムによっては、宛先やＣＣのアドレスが自動でアルファベット順などに並び替わってしまうものもあります。また、メールを受けとる人も、メールの本文は読んでも、宛先やＣＣをしっかり読むということはあまりないので、わざわざ苦労して順番に並べなくてもよいと考えられます。

ただし、**メール本文の冒頭に記す宛名は必ず役職順に**しましょう。社外の人と社内の人に送るなら、社外の人が先、社内の人は後です。

宛先を漏らさず全員分入力するには、本文の宛名を追って宛先を入力していくと間違いありません。そうすると、自然に宛先の入力順は役職順になりますね。会社や人によっては宛先の並び順を問題にすることがあるかもしれないので、本文の宛名を見ながら宛先を入力する習慣をつけておくとよいでしょう。また、複数の会社の人に宛てたメールなどで役職順に並べるのが難しい場合には、アルファベット順、五十音順などで入力するという方法もあります。

Q

なるべく電話はかけたくない。連絡は基本メールでいいですか？

A

緊急の要件以外ならメールでOKです。

頻繁《ひんぱん》に連絡をする相手なら、その人にとってメールと電話のどちらが都合がよいかを確認しておきましょう。とくに先方が年配の人の場合、メールが苦手な場合もありますので、その場合は電話が望ましいです。

どちらでもよいのであれば、メールを使ってかまいません。電話は相手の仕事を中断させてしまうおそれがあり、また文字の記録が残りません。メールなら相手の都合のよいタイミングで確認してもらえて、送信者側にも受信者側にも記録が残ります。そういった点から、**ビジネスではメールの連絡がよいという考え方も広まってきているので、必ずしも電話でなくてもよい**でしょう。

ただし、メールはすぐに開封されない可能性があり、**緊急の連絡には向きません**。また、メールは相手が読んだかどうかわからないので、重要な要件をメールで送信した後には、電話でメール確認をお願いすると確実です。また、メールは感情が伝わりにくいメディアでもあります。お礼やお詫びなどの気持ちを伝える必要がある連絡は、電話がよい場合があります。

メールをメインで使う人でも、電話も上手に使えるとよいですね。

Q

電話は若手社員が出なきゃいけないの？

A

積極的に出ましょう。電話対応をとおして取引先などを覚えられます。

昔から新入社員の最初の試練は電話といわれてきました。受話器の向こうの知らない人からよくわからないことを言われ、聞きとれなかったり聞き間違えたりして失敗する……。誰もが苦い経験をしています。

だからといって、意地悪で若手を電話に出させるのではありません。**電話を受けるうちに、業務に必要なことを覚えられる**から、若い人たちに電話をとらせるのです。取引先の社名、担当者、自社の商品やサービスの内容などが自然に把握できます。そして、社外の人と何度も話すうちに敬語も身につきます。**社会人としての基礎訓練のようなものと考えて、どんどん電話に出ましょう。**

電話をとるときには必ずペンとメモ用紙を用意して、相手がどこの誰で、誰に用事があるかを正確に聞きましょう。慣れるまでは、市販されている電話用伝言メモを使うのもよいですね。空欄を埋めていけば、必要な事項を漏れなく相手から聞きとることができます。

電話が苦手な人こそ、電話に出ましょう。電話は慣れれば上手に受けられるようになります。慣れた者勝ちですよ！

Q

携帯電話に電話をかけていい？

A

ビジネスの電話はまず固定電話へ。

いつでも連絡がとれて取り次ぎもなくて手っとり早い！　と携帯電話やスマートフォンに電話をかけたくなるものですが、**仕事の電話は会社の固定電話にかけるのが基本**と考えましょう。

モバイル端末ならいつでも出てもらえるように思いがちですが、先方が運転中だったり面会中だったり、出られないことも案外多いものです。また、相手がどこで電話をとるかもわかりません。仕事の話には機密事項も多いので、なるべく社外での通話は避け、先方が社内にいることが確実な固定電話で話すのが安心です。

会社に電話をかける際には、自社名、自分の名前を名乗り、話したい相手の部署と名前を告げて取り次いでもらいます。不在なら、用件の伝言をお願いする、かけ直す旨を伝える、折り返しの連絡をお願いするなどしましょう。

緊急の連絡はモバイル端末でＯＫ。その場合「今お話ししてもよろしいですか？」と相手の都合を確認しましょう。

Q

電話をとったけれど相手の名前が聞きとれません。聞き直していい？

A

何度でもたずねられるよう、いろいろな表現を覚えておきましょう。

△◎□×の図●中ですけど…
何度も申し訳ありません
もう一度お名前をうかがえますか

「○○社の△△です」。たったこれだけのことを聞きとれないはずはない！と思いますよね。でも、相手の顔が見えない電話で初めて聞く社名や名前というのは、不思議なほど聞きとれないものです。会社の電話に不慣れな新人のときに、上司や先輩へ「なんとか社のなんとかさんからお電話です……」という残念な取り次ぎをした、という経験は誰にでもあります。

先方が名乗ってくれたのに聞き返すのは申し訳ない、と思ってしまいますが、ビジネスの電話では相手が誰かを確認するのはとても重要なことです。**正確に聞きとれるまで何度でもたずねましょう。「何度も申し訳ありません、もう一度お名前をうかがえますか？」**と丁寧にお願いすれば失礼にはあたりません。「御社名の後半が聞きとれなかったのですが」と具体的にたずねてもいいでしょう。とくに携帯電話や、ざわざわした環境からの通話は、聞きとりにくいことが多いもの。あなたが悪いわけではないと、先方もわかってくれます。

それでもなるべく聞き返したくない人は、取引先の一覧などを見ておきましょう。社名を知っておくと、初めての相手でもずっと聞きとりやすくなります。

Q

固定電話を切るとき、指でフックを押して切れっていったい何？

A

受話器を置く音で相手をびっくりさせない心づかいです。

物心ついたころから携帯電話が身近で、あまり固定電話を使わなかったという世代には、「受話器を置く」という動作そのものがなじみのないものかもしれません。固定電話を切るときに、受話器を放り出すように置くと、受話器がフックを押す前に受話器が電話機にあたって、その音が先方に聞こえてしまいます。一瞬ですがこれが案外大きい音で、聞く方は突然の大きな音にどきっとしてしまいます。受話器をそっと置けば問題ないのですが、**指でフックを押して切るのがもっとも確実に静かに切る方法**です。忙しいときほどガチャンと鳴りがちですから、フックを押す習慣をつけると安心です。

電話の最後に荒々しい音が聞こえてきたら、先方はあなたが気分を害したのではないかと心配になってしまいます。切り方も電話のマナーの一つ。最後まで気を抜かず、気持ちのよい電話を心がけましょう。

知っ得！

固定電話を置く位置はなるべく利き手の反対側に。メモをとるときにコードが邪魔になりませんよ。

Q

会議に出席中の上司に緊急の電話が。どうしたら？

A

電話を一度切り、内線などで「至急」として用件を伝えます。

部長…奥様から…至急…と
何度も…
電話出たら？
……いいえ…

緊急の場合でも、上司が席を外していてすぐに戻れないときは、保留で相手を待たせず**いったん電話を切りましょう**。このとき、折り返しの連絡先（電話番号、会社名、名前）の確認を忘れずに。

会議中の上司への連絡は、会議室に電話が設置されている場合は内線を使います。電話に出た人に「○○部長に、△△様より至急の電話が入っています」と伝えましょう。内線が使えない場合は、「至急」と目立つように書いて用件を簡潔にまとめたメモを用意して会議室に行きます。ノックして静かに入室し、上司にメモを渡してすぐに退室しましょう。

上司の携帯電話などへのメールでの連絡は避けましょう。気づかなかったり確認できなかったりして、用件が伝わらないかもしれません。

会議の出席者への緊急連絡の取り次ぎについてルールを設けている会社もあるので、その場合はルールに従います。上司に取り次ぐ前に先輩に相談してもよいでしょう。ただし、緊急の用件なので、**長時間先方を待たせないように、迅速に対応する**ことが大切です。

Q

取引先との打ち合わせに遅れそう！電話かメール、どちらで連絡？

A

電話で連絡します。

友達との待ち合わせなら、LINEで「遅れる！」のスタンプを送るところですね。どのスタンプにしようかなあ？　なんてちょっと楽しんでしまう人もいるかもしれません。

でも、ビジネスでは遅刻は信用にかかわる重大なミス。その連絡はとても大切です。確実に相手に伝わる方法を選びましょう。メールでは、相手がメールを見ないかもしれないし、返信がなければあなたも相手に伝わったかどうかわかりませんね。遅刻の連絡は、メールではなく**電話で連絡して直接相手と話す**のがベストです。

電車の事故で車内に閉じこめられているときなどは、やむを得ないのでメールを送ってもよいでしょう。その場合も、電車から降りて電話ができるようになったら電話をかけ、到着見こみ時間などを伝えましょう。会社にメールをして先方に電話で連絡を入れてもらうなど、二重に連絡するとよいですね。

遅刻はしないのが原則です。でも、万が一の事故の場合は、**なるべく早く確実に相手に連絡をする**ことを心がけましょう。

Q

留守中の電話、「またかける」と言われたので待っていればいい？

A

取引先やお客様からの電話は、こちらからかけ直します。

かけ直してないっスよ～
またかけるって言われたんで…
だめだよ!!
かけなきゃ!!

外出から戻ったら机の上に電話メモがあり、「またかけます」とのこと。でも、電話をかけてきたのが取引先やお客様だったら、**あなたからかけ直しましょう。**

メモに電話の用件も書いてあれば、必要な資料などを手元に用意して電話をかけます。必ずはじめに**「お電話をいただいたようで、遅くなりまして失礼しました」**とお待たせしたことをお詫びしましょう。

取引業者などからの電話の「またかけます」でも、こちらからかけても失礼にはあたりませんが、とくに急ぎの用事がない場合は、かかってくるのを待っていてもよいでしょう。先方から再度かかってきたら「お電話いただいたようで、外出していて失礼しました」と一言お詫びを。

反対に、あなたが電話をかけて先方が不在だった場合は、原則として「またかけます」と伝えましょう。留守がつづいたり、急ぎの用件だったりしないかぎりは「電話をください」というお願いはしません。ただし、先方から「こちらから折り返しかけます」と申し出られたときは、お願いしてもOKです。

Q

メールやファックス送信後の「送りました！」の連絡電話って必要？

A

とくに重要な用件の場合は、受けとられたか確認の電話をしましょう。

今！送っているところです！
あ〜送り終わってからでいいよ〜
ピーガー

「連絡しましたという連絡」なんてきりがないよ！　と思ってしまいますが、ビジネスの**重要な用件では「連絡しましたという連絡」をしましょう。**ちょっとくどいようですが、確認は大切です。

メールやファックスは、送信した記録は残っても、間違いなく受けとられたかどうかは確認できません。メールなら添付ファイルが開けないということもあります。ファックスは印字不良で読めなかったり、先方の会社でどこかにまぎれてしまったりということがあります。重要な連絡は、きちんと届いているか、問題なく読めるかどうかを確認する習慣をつけましょう。

確認の電話では**「先ほど○○の件でメール／ファックスをお送りしましたので、ご確認をお願いいたします」**とお願いします。届いていなかったり、読めなかったりするなら、再送や、別の方法を使うなどの対応をしましょう。

メールには開封確認機能が使えるものもあります。便利な機能ですが、LINEの既読などと同じで、受信する側への軽い圧力になることも。こうした機能を使う際には、事前に相手の了解をとるとよいでしょう。

Q

メールアドレスを登録するとき、取引先には登録名に「様」をつける……？

A

敬称をつけて登録しておきましょう。

メールソフトによっては敬称をつけられない仕様のものもありますが、可能であれば**「様」をつけて登録しておくと安心**です。設定によっては、送信側の登録名が、受信側の宛先欄に表示されるからです。

基本的に、宛先欄に入る情報はメールアドレス。住所や電話番号のようなものなので、敬称は必要ありませんでした。ところが、メールの機能が発達して、アドレスの登録名が宛先欄に表示できるようになりました。誰宛てのメールかがわかりやすくなりましたが、そうするとやはり呼び捨てで表示されるのが気になる、ということで「様」などの敬称をつけるようになってきました。

届いたメールの宛先欄なんて気にしない、またメール本文の宛名に敬称が入っていれば問題ない、という人もたくさんいます。ですが、何人かに一人でも気にする人はいるかもしれません。敬称をつけて登録しておきましょう。

知っ得！

複数の人に一斉送信する場合もあるので、アドレス帳の敬称の有無、つけ方は統一しておきましょう。

Q

取引先への返信メールの件名、「Re:~」って失礼にあたる？

A

問題ありません。いくつもつづくようなら修正を。

届いたメールに返信するとき、「返信」ボタンを押すと自動的に相手のアドレスが宛先に入る返信機能。メールには欠かせない便利な機能ですね。

この返信機能では、多くの場合、件名欄には送られてきたメールの件名の頭に「Re:」がついた件名が自動的に入ります。送られてきた用件への返事ですよ、という意味ですので、この**「Re:〜」の件名はそのままにする**のが先方にもわかりやすいでしょう。**取引先への返信の場合でもOK**です。

二、三往復までなら「Re:〜」でかまいませんが、その後何通もメールのやりとりがつづく場合は、件名を書きかえましょう。同じ用件でつづくのなら、件名の後に通し番号を入れると混乱しません。

また、用件が変わる場合は件名も変えます。用件が変われば本文の履歴も必要ないので、返信ではなく新規メールで送信してもよいですね。

知っ得！

メールの件名は具体的かつ、簡潔に。たとえば「お知らせ」よりも「年末年始休業のお知らせ」がベターです。

Q

社内メール、役職のある人には宛名にも役職をつけないといけない？

A

呼ぶときに役職をつける職場なら、メールの宛名にも役職を。

役職をつける、つけないは、会社の風土によって違ってきます。日ごろ上司に**呼びかけるときに「さん」で呼ぶような会社なら、メールの宛名は「○○様」**とするのが自然でしょう。一方、「部長」「課長」など、**役職名で呼びかけることが多い会社なら、メールの宛名にも役職をつけた**方がよいでしょう。

メールの宛名に役職をつけるときは、「○○部長」のように使ってかまいません。ただし、メールではなく正式な文書を作成するときは、社内文書であっても「△△部部長　○○様」とします。役職を敬称として使ってよいのは、口頭での呼びかけや、簡易な文書のときと考えておきましょう。

役職の扱い方は、社内の人間関係をなるべくフラットにしたい、指示系統を明確にしたいなどといった、会社の方針とかかわってきます。メールの宛名はちょっとしたことのようですが、社風に合わせて対応しましょう。

知っ得！

同じ会社でも、部署によって雰囲気が違うことも。微妙なときは役職をつけておくと無難ですね。

Q

メール冒頭の「お世話になっております」って必要……？

A

メールでも簡単な挨拶言葉があるとよいでしょう。

秋の到来が待ち遠しい
今日このごろ、
鈴虫の音が美しく、かすかに
聞こえますが、まだまだ
残暑が続いております……
あ…はい…
ちょっとやりすぎかも…

他者とのやりとりを正式なものから略式なものへ順番に並べると、

対面　→　手紙　→　メール・電話

の順になります。

重要な契約、依頼、謝罪などは対面でするのが正式です。手紙は対面を略式にしたもの。メールや電話は手紙をさらに略式にしたもので、もっとも簡略な連絡手段です。したがって、メールでは「拝啓　浅春の候」のような頭語・時候の挨拶、「敬具」のような結語は省略してよいと考えられています。

そうはいっても、宛名の直後にいきなり用件というのも不愛想なので、電話のはじめに交わすのと同じような**「いつもお世話になっております」程度の簡単な挨拶言葉**を入れるのが一般的です。社内ならば、**「お疲れさまです」という挨拶**を入れるとよいでしょう。

また、略式の連絡ではあっても、メールの文章の言葉づかいは手紙と同様に書き言葉が原則です。とくに社外の人、上司など目上の人とのやりとりでは、敬語を適切に使い、ビジネス文書としての体裁を整えましょう。

Q

添付ファイル、容量の大きなものは送ったらだめ？

A

2MBまでなら問題ありません。

通信の環境によって、受けとれる添付ファイルの容量には差がありますが、**2MBより大きなファイルを送るときには、受けとれるかどうか先方に確認**しましょう。

受けとってもらえる場合、メールの本文に添付ファイルがあることを書いたうえで、ファイルを添付します。送ったデータは先方が保管することになりますので、不必要に大きなデータを送らないよう、解像度などを適切なサイズに調整しましょう。また、少しでも通信の負荷を小さくするために、データを圧縮して送るとなおよいでしょう。添付ファイルで送れない**大きなファイルをやりとりする際には、ファイル転送サービスが便利**です。会社によっては使用が禁止されていることがあるかもしれないので、これも、自分の会社と先方のルールを確認してから使うようにしましょう。

知っ得！

ファイルの添付忘れはありがちなミス！　送信ボタンを押す前に必ず添付の確認をすることを習慣にしましょう。

Q

添付ファイルがたくさんあるけど、一度に送っていい？

A

フォルダにまとめて送りましょう。

合計のデータ量が２ＭＢ以下におさまれば、**一つのメールに複数のファイルを添付してかまいません。**ただ、ばらばらに添付すると、一ファイルずつダウンロードしなくてはならないので、受けとった人に手間をかけさせてしまいます。**複数のファイルを送るときは、フォルダにまとめる**ようにしましょう。受けとった人は一回ですべてのファイルをダウンロードできます。

なお、複数のファイルを送るときは、念のため、メールの本文で添付したファイルの明細を連絡するとよいでしょう。「添付でお送りしたファイルは下記のとおりです」などとして、送ったファイルの一覧を示します。万が一、正常に届かなかったファイルがあった場合なども、先方が足りないファイルがあると気づいてくれます。「ファイルが多くお手数をおかけしますが、ご確認をお願いいたします」などと書き添えると丁寧ですね。

知っ得！

添付ファイルのファイル名を宛先として使うときは「○○社御中」となっているか確認を！

Q

業務時間外や
休日に
メールを送るのは
失礼と言われた。

A

原則として、
仕事の連絡は業務日、
業務時間中に。

くつろいでいる休みの日に、上司や取引先からのメールが届いたら、気になってつい確認してしまいませんか？　すぐ返信しなくちゃ！　とプレッシャーにもなりますね。あなたの業務時間外のメールも、相手のプライベートな時間に割りこんでしまうかもしれません。

社外にいれば会社メールの確認ができなかったころは、業務時間外のメールもそれほど問題になりませんでした。しかし近年ではどこにいても会社メールの確認ができるようになっていますので、メールを送る時間にも注意が必要です。**なるべく相手が仕事をしている時間内に送る**ように心がけましょう。

業務時間外でも確認してもらう必要のあるほど急ぎの要件の場合、電話をかけましょう。その際「お仕事時間外（お休みの日）に申し訳ありません」とお詫びの一言を。急用ではないけれどメールを送るときは、「急ぎではないのですが、ご連絡だけさせてください」などと書き添えておきましょう。

いつでも送れるのがメールの長所ですが、それが相手の負担になることも。相手の都合や気持ちに配慮しながら上手に活用しましょう。

Q

メールの最後の自分の名前は、「フルネーム拝」で締める？

A

社名、住所、メールアドレスなどを併記した署名がビジネス向きです。

上司などからのメールの最後に、「○○拝」と入っているのを見たことがある人もいるでしょう。拝まれた！　こちらも拝むもの？　そもそも「拝」ってなんでしょうか？

「拝（はい）」は手紙などで自分の署名の下に書いて敬意を示す語です。時候の挨拶のような相手を敬う意味の挨拶文を省略したとき、署名の下に書いて敬意を表す役割があります。メールではかしこまった挨拶文を省略するので、「拝」を使う人がいるようですが、メールは略式の連絡手段で、敬意を示すことにそれほど重点がおかれません。**メールでは「拝」は必須ではありません。**

ビジネスのメールの署名では、文末に、社名、部署名、氏名、住所、電話番号、メールアドレス、会社のＵＲＬなどをまとめて示します。相手が電話をかけたいとき、荷物を送るときなどに便利です。

知っ得！

「拝」を使うときは必ずフルネームで。苗字、名前だけの下につけるのは年下の相手や親しい間柄の場合です。

Q

メモを赤ペンで書いて渡したら、不吉だと言われた。

A

黒のペンを使いましょう。赤は重要部分などに。

不吉というのは、おそらく赤い字が売上予算未達などの「赤字」や、禁止事項、血の色を連想させるので縁起が悪い、ということでしょう。とくに赤字の名前は囚人を表す習慣のある地方もあったことなどから避けられています。**人に渡すメモを書くときは、黒のペンを**使いましょう。

縁起の良し悪しとは別に、赤字には情報を際立たせるという効果があるので、通常の連絡事項は黒のペンを使います。たとえば、メモの中に**とくに強調したい部分があるときなどは、そこだけに赤字を使います。**「至急」などと赤字で書いて目立たせると、受けとった人はすぐに確認できます。会議時間変更の連絡メモなら、変更後の時間を赤字にしておくと、受けとった人にはわかりやすいですね。また、書類に訂正の必要なところがあるときなども、赤字で示すと見落としがありません。㊙マークなども赤字にするのが一般的です。

知っ得！

メモは丁寧に書きましょう。とくに人の名前、会社名、電話番号などは読み間違えられないように！

Q

ファックスの宛名は直接書類に書いていい？

A

書類につける送付状に書きます。

近年、使用機会の減りつつあるファックスですが、パソコンやプリンターのない相手との急ぎの文書のやりとりでは、今も利用されています。

ファックスで書類を送る際には、**書類本体の前に送付状（ヘッダー）をつけましょう。**送付状には、送信日、宛名（送信先）、送信元、書類の件名、書類の枚数、簡単な連絡事項などを記します。会社にフォーマットがあることが多いので、必要事項を書きこんで使いましょう。

ファックスで送る書類は必ず枚数を数えて送付状に記載し、書類のすみには通しナンバーをふる習慣をつけましょう。送信時に自動送りの原稿が重なるなどしてページが脱落することがありますが、送付状に書かれた送信枚数と書類の通しナンバーを確認すると、受けとり手は脱落があることに気づくことができます。

知っ得！

大量のファックスは受けとり手の負担になるので、十枚以上なら相手の都合を確認しましょう。

Q

取引先の人にLINEアカウントや携帯メールを聞いてもいい？

A

業務用のアカウントやアドレスは聞いてもよいでしょう。

外出の多い取引相手へのちょっとした連絡には、会社のメールよりＬＩＮＥや携帯メールの方が便利に思えますね。業務用のアカウントや、会社から支給されている携帯のメールアドレスがあるか、たずねてみましょう。**業務用のものであれば、連絡用に教えてほしいとお願いしても問題ありません。**

こういった情報は、すでに会社の先輩が知っているかもしれません。先輩に先方が業務用のアカウントなどを持っているか聞いて、ある程度事情を把握してからお願いしてもいいですね。また、たずねてよいのは業務用のアカウントやアドレスだけです。私用の連絡先をたずねることはひかえましょう。

ＬＩＮＥでやりとりをする際、あなたの方が私用のアカウントを使う場合は注意が必要です。あらかじめ上司に許可をとるのがベター。許可がとれても機密事項のとり扱いは避け、簡単な連絡のみにとどめます。可能であれば業務用のアカウントを作って、公私の区別をはっきりとつけることが理想的です。

また、たとえＬＩＮＥでも取引相手との連絡なので礼儀を守り、絵文字やスタンプは使わず、短くても丁寧な文章を心がけましょう。

Q

確認事項の返事がこない相手には？

A

「お忙しいところ恐縮ですが、ご確認いただけますか？」とお願いを。

早く返事をください
クッション言葉
ご確認いただけますか？
おお！

問い合わせや相談に対する返事がこないために仕事が進まない……ということがあります。でも、とくに取引先などに「早く返事をください」と催促するのはなかなか難しいものですね。

こうした言いにくいことをお願いするときに役立つ秘策があります。**「クッション言葉」と呼ばれる表現を使う**ことです。お願いを伝える前に、「お忙しいところ恐縮ですが」のようなクッション言葉をはさみます。そうすると、こちらが無理をお願いして申し訳ないという気持ちが伝わり、お願いの圧力が吸収されるので、相手はプレッシャーを感じずに用件を聞くことができます。さらに「返事をください」とダイレクトに言わずに、「(問い合わせ事項について)ご確認いただけますか?」と**都合を聞いて要望を伝える**とよいでしょう。

電話なら、あまり深刻な口調でなく穏やかにお願いしましょう。メールの場合は、すでに連絡済みの用件をペーストしておくと先方の手間が省けます。

相手に不愉快な思いをさせずに必要なことを伝えられると、仕事は滞《とどこお》らず、あなた自身もストレスを感じなくてすみますよ。

PART 4

信頼をプラスする「みだしなみ」のマナー

みだしなみのマナー三箇条

1 ポイントは清潔感。

見落としがちな、爪やフケ、袖や襟、靴の汚れは要注意。

2 スーツは体型に合ったものを。

安価なものでかまいませんが、肩幅や裾の長さは合っていますか?

3 こまめな手入れを心がけて。

スーツのブラシ、アイロンがけも仕事の一つと思ってがんばって。

Q

携帯電話で時間はわかるから、腕時計しなくていいでしょ？

A

腕時計をしていた方が便利です。

携帯電話やスマートフォンをオンにすると、すぐに時計が表示されるように設定している人も多いでしょう。つねに持ち歩くモバイル機器が時計がわりになるのだから、たしかに腕時計はなくても困りませんね。

でも、ビジネスの場では腕時計がおすすめ。**打ち合わせの最中などに時間の確認をするときのため**です。打ち合わせ中には携帯電話は見ないのが原則ですから、たとえ時間を確認するためでも、携帯をとり出すわけにはいきません。そういうとき、腕時計があると安心なのです。

腕時計の見方も一工夫しましょう。時計をじっと見てあからさまに「時間を気にしています」という様子は、相手を気まずくさせてしまうもの。すばやくさりげなく確認しましょう。書類を手にとったりする動きの中で、ちらっと時計を見られるとスマートですね。

知っ得！

ゴージャスすぎる腕時計はビジネスの場には不向きです。あまり目立たず、正確で見やすい時計を選んで。

Q

職場ではヒールのあるパンプスをはかないとだめ？

A

フォーマルな業務の場合はヒールが望ましいです。

歩きにくい、膝や腰が痛くなる、外反母趾になるなど、ヒールのある靴やパンプスに悩まされる女性は少なくありません。スニーカーOKという会社もありますが、仕事の内容によっては、ヒールのあるパンプスが必要な場合があります。たとえば、**あらたまった服装のお客様に応対する**ときや、**職場の雰囲気をフォーマルにたもたなければならない**というような場合は、パンプスをはいた方がよいでしょう。

もっとも、職場での靴の考え方は、近年変わってきています。SNS上ではじまった職場でのヒールやパンプスの強制に対する抗議活動は、大きな関心を集め、職場の服装規定や男女格差を見直すきっかけとなりました。少しずつ理解が広まりつつありますので、ヒールのあるパンプスがつらかったら、先輩に相談してみるとよいでしょう。職場のルールも尊重しなければなりませんが、仕事に集中できること、健康をたもって働けることも、とても大切です。

パンプスが避けられない場合は、まず足に負担の少ない無理のない高さの靴を選びましょう。また、パンプスをはくときには夏でも必ずストッキングを。

Q

カジュアルデーのカジュアル、どこまで許される？

A

社内の先輩を参考に。会社にジャケットを置いておくと安心です。

自由な服装で勤務してよい日＝カジュアルデーを設定している会社がありますが、自由といわれるとかえって悩んでしまう人も多いはず。そんなときは、年齢の近い**先輩を参考にして、会社のカジュアルの範囲の見当をつけましょう**。ノーネクタイくらいからはじめて、様子を見て少しずつカジュアルダウンしていく方法もあります。

自由といっても、仕事をするのにふさわしい服装であることはマスト。会社の信用を損なうようなだらしのない服や、露出の多い服は避けましょう。具体的には、短パンやランニング、ミニスカート、素足、サンダルなどは避けた方が無難です。

また、**社外の人と会うときには注意が必要**です。あなたの会社がカジュアルデーでも、取引先がフォーマルで仕事をしている日にあまりくだけた服で面会するのは考えもの。予定外の訪問が入ることなどもあるので、会社にジャケットを一着置いておきましょう。カジュアルな装いの日でも、ジャケットをはおるだけできちんとした印象になります。ネクタイも置いておくと安心ですね。

Q

社内ではスーツの上着を脱いでいたい。

A

デスクワーク中はOK。
会議や
打ち合わせのときは
上着を着ましょう。

デキる男は
会議で着る

職場は家ではなく、くつろぐ場所ではない……とはいっても、一日中上着を着てかしこまって仕事をしなくてもよさそうですね。

デスクワークをするときなら、上着を着ていなくても問題ないでしょう。暑い日や、手元をすっきりさせて仕事をしたいときなど、上着を脱いでいてもかまいません。ただし、脱いだ上着をその辺に放っておくのはNG。ロッカーやラックなど所定の場所におさめましょう。また、椅子の背に上着をかける人もよく見かけますが、ずり落ちたり、しわくちゃになったりしないように気をつけましょう。

また、社内であっても**会議や打ち合わせのときには上着を着ましょう**。ビジネスの場での上着は、防寒などの実用的な目的のものというより、形式的なもの。あらたまった場にのぞむ姿勢を表すものと考えるとよいでしょう。

知っ得!

自宅以外で上着を脱ぐときは、ポケットに財布などの貴重品を入れたままにしないようにしましょう。

Q

必要なものはポケットにおさまった。鞄を持たなくていい？

A

業務で出かけるときは、必ず鞄を持ちましょう。

スマートフォンを使った電子決済の普及などで荷物のスリム化が進んで、鞄はほとんど空っぽ。鞄を持つのはばかばかしいような気がしますね。通勤のときなら手ぶらでもいいかもしれません。

それでも、**業務で出かけるときには鞄を持って**行きましょう。訪問先で**書類などを受けとったときに、むき出しで持ち歩くのを避けるため**です。受けとった書類をぺらっと手で持ち帰られたら、相手は「なくさないかな」と心配になってしまいます。書類は必ず鞄におさめて。書類にはさまざまな機密情報が記載されています。関係者以外に決して見られないよう慎重に扱いましょう。

ビジネス用の鞄は、少なくともA４サイズの書類が入る大きさのもので、重い書類でも問題のない丈夫なもの、雨の日でも中身が濡れない素材のものが向いています。色はあまり派手でないものが無難です。

預かった書類は折り曲げないようにしましょう。鞄の中にクリアファイルなどを入れておくとよいですよ。

Q

リュックやメッセンジャーバッグを通勤鞄に使いたい。

A

手持ちとリュックのツーウェイタイプが便利です。

背中に背負えるリュックや、肩からかけられるメッセンジャーバッグは、両手が空くのが魅力！　とくにスマートフォンを頻繁《ひんぱん》に使う若い人には、通勤時にはこうしたバッグが便利かもしれません。

そんなときは、肩紐部分が収納できて手持ちでも使えるタイプのリュックがおすすめです。入社したてのうちは、肩紐部分をしまってオーソドックスな手持ちのビジネスバッグとして使いましょう。リュックやメッセンジャーバッグで出勤すると、**あらたまった印象になりにくく**、学生気分が抜けていないように見えてしまいます。また、背負ったり肩にかけたりするバッグだと、どうしても**上着の肩や背中にしわ**ができます。バッグをおろしたときに上着のしわが目立ち、よれよれしたスーツ姿になってしまいます。ぱりっとした見た目をたもつためにも、バッグは手持ちにするとよいでしょう。

スーツに慣れて、しわを作らずにスーツを着こなせるようになったら、ツーウェイタイプの鞄をリュックにしてもいいタイミング。通勤途中では背負って使い、会社に入るときは手持ちにすればＯＫです。

Q

クールビズ期間、取引先にも上着なしで行ってもいい？

A

制度を導入している会社なら問題ありませんが、持参すると安心です。

二〇〇五（平成十七）年からはじまったクールビズ。制度を導入している会社も多く、上着なし、ノーネクタイのビジネスパーソンも珍《めずら》しくなくなりました。そうはいっても、取引先に行くときもシャツ一枚でほんとうに大丈夫かな？　と不安になりますね。

まず、先方がクールビズを導入しているかを確認しましょう。導入していれば、**先方より軽すぎない程度の略装**で問題ありません。ただし、思いがけず大がかりな打ち合わせになってしまうということもあるので、**上着は持参**しましょう。また、正式な契約のとりかわしのときや、お詫びをするときは、必ずネクタイ、上着などの正式なビジネススタイルで訪問します。

なお、二〇二一（令和三）年からは、クールビズの実施期間が指定されなくなりました。企業ごとにタイミングが変わりそうですので、注意しましょう。

知っ得！

クールビズでなくても、来社した人が暑そうにしていたら「上着を脱いで楽にしてくださいね」の一言を！

Q

仕事で色柄つきのマスクを常用してもいい？

A

基本は白で、オフィスウェアの色が許容範囲と考えましょう。

近年では、さまざまな色や柄のマスクが手に入ります。好きな生地でマスクを手作りするなど、ファッションの一部として楽しむ人もいるようです。

しかし、仕事中のマスクは、業務にふさわしいものであることが大切です。衛生の観点からマスクの使用について規定を設けている会社もありますので、よく確認して適切なマスクを選びましょう。

規定がない場合は、やはり**白が無難**です。白以外なら、職場での服装に準じて考えるとよいでしょう。ビジネススーツが標準の職場なら、シャツの色が目安になります。**白に準じた薄い水色やピンク**などですね。カジュアルな服装の職場なら、ちょっとした柄の入ったものも許容されると思いますが、対面した人が困惑してしまうような強烈なものは避けましょう。

感染症の流行以降、急速にビジネスシーンでのマスクの使用が広まりましたが、マスクをめぐるビジネスマナーはまだ明確になっていません。お互いが気持ちよくすごすことができるよう、それぞれが思いやりをもって対応していきましょう。

Q

新人は
ヒゲ禁止？

A

最初は
ヒゲなしがおすすめ。
ベテランでも
無精ヒゲはＮＧです。

新入社員でヒゲ姿という人は、あまり見かけません。禁止されていなくても、「新人のヒゲ」は、本人も周囲の人もちょっと落ち着かないのではないでしょうか。

ヒゲをはやしたい場合は、**はじめのうちは剃っておき、ころ合いを見て先輩におうかがいを立てる**のがよいでしょう。会社によっては禁止されていることがあります。表立っては禁止していないけれど、暗黙のルールで許可されていない場合もあるので注意が必要です。

ヒゲが許容されている場合も、衛生面などで仕事に支障をきたさないか、周囲に悪い印象を与えないかなど、じゅうぶん配慮しましょう。手抜きの無精ヒゲは仕事の場にふさわしくありません。新人時代にかぎらず、ベテランになっても、**ヒゲは出勤前に手入れをし、清潔感をたもつ**ことを心がけてください。

若手なのにヒゲで先輩より貫禄《かんろく》が出てしまうと、社外の人もとまどいそう。フレッシュに見える工夫を！

Q

派手すぎなければストーンつきネイルもＯＫ？

A

ネイルアートは目立ってしまうのでひかえましょう。

ネイルもお化粧の一部として認めている職場がある一方、地味な色でもネイルは禁止という職種もあります。業務内容によって考え方が異なるので、会社の方針を確認しましょう。

とくに規定がない場合、一般的に自然な色のネイル程度なら許容している職場が多いようです。しかし、**ストーンつきのネイルは職場には不向きです。**指先にいろいろと飾りがついていると、相手の人はついそこに視線がいってしまって気が散るものです。また、小さなストーンでも、何かにひっかかったり傷つけたりするかもしれません。せっかくのネイルアートは、そういった心配のいらない休暇の間などの方が、心おきなく楽しめそうです。

アクセサリーやお化粧なども考え方は同じです。大きな揺れるイヤリングやたっぷりすぎるつけまつげが視界に入ると、相手はあなたの表情や話に集中できなくなってしまいます。あなたの姿を見る機会は、あなた自身より周囲の人の方がずっと多いもの。職場での服装やおしゃれは、周囲の人の視点で考えてみましょう。

PART 5

親しき場所でも礼儀あり「社内」のマナー

社内のマナー三箇条

1
あたり前のことをあたり前に。
時間や秘密を守ること。
人の嫌がることはしないこと。

2
返事は大きな声で。
名前を呼ばれたら元気な返事を。
顔と体を向けるのも忘れずに。

3
困ったときは質問しよう。
社内のルールは迷ったら
先輩にたずねるのがベストです。

Q

有給休暇をとるのに理由を聞かれました。

A

本来は「私用のため」でOKです。

法律的には有給休暇の取得にとくに理由は必要ないとされているので、**「私用のため」で問題ありません**が、会社によっては、さらに詳しい理由を添えて休暇申請することを求められるかもしれません。その場合は、**「家庭の用事のため」「通院のため」のように簡潔な理由を**提出するとよいでしょう。

旅行や買い物などの娯楽が理由でも問題ありません。遊びに行くために会社を休むのは気がひける、という人もいるかもしれませんが、嘘の理由を提出するのは避けましょう。有給休暇はあなたの休日なので、何が理由でもかまいません。正直に申請してください。

配慮が必要なのは、有給休暇取得のタイミングです。会社や部署が忙しい時期はなるべく避けましょう。また「明日有給で休ませてください!」と突然言い出すと、部署の人たちは慌ててしまいます。申請は余裕をもって、遅くとも一週間前にはすませましょう。連休とつなげて長期休暇にするときなどは、正式に申請する前に上司に軽く相談をするとよいですね。周囲の人に負担をかけない工夫をすれば、気持ちよくお休みの許可が得られるはずです。

Q

部署内でお菓子を配る際、偉い人から順に渡すよう指摘された。

A

職場ではなんでも上役から配る習慣をつけましょう。

おやつをもらう順番で目くじらを立てるなんて！　ちょっと子どもじみているような気もしますが、いえいえ、一事が万事といいますから、小さいことでも気をつけましょう。

打ち合わせでお茶を出すときや、会議などで資料を配るときは、上役から配りますね。**お菓子を配るのも上役から**が安心です。数が足りなくなるということも考えられるので、「ごめんね、足りなくなっちゃった」と気軽に言える人、つまり同期などの親しい人を最後にまわしましょう。

また、クッキーやお煎餅など割れやすい食べ物のときは、上役には割れているものを渡さないよう注意しましょう。この点でも、上役から順に配れば、割れていないものを選ぶことができますね。

たかがおやつ、されどおやつ。業務にも通じる点がありますよ。

知っ得！

配るお菓子が誰かからのいただき物の場合は、「○○さんからのお土産です」などと伝えて配りましょう。

謎マナー??

Q

はじめての出張！会社へのお土産は必要？

A

いちおう買っておくと便利です。

お土産コーナー
会社へのお土産…千円か…五千円か…

はじめての出張は、ちょっとした冒険ですね。上司や先輩の同行がなければ、人生ではじめての一人旅という人もいるかもしれません。そんな緊張の初出張の帰りに悩みごと発生。「会社へのお土産どうしよう……」。

頻繁《ひんぱん》に出張に出かける上司や先輩はお土産を買ってくるということがないのに、自分が買って行ったらおかしいかな？　などとためらうこともあるでしょう。でも、**とりあえず最初なので買ってみましょう**。

はじめての出張でドキドキするのはあなただけではありません。上司や、準備や心得を教えてくれた先輩も心配して、あなたの帰りを待ってくれています。**「はじめての出張でしたのでお土産です」**と、お礼とともに元気な顔でお土産を手渡すと安心してくれることでしょう。

有給休暇で旅行や帰省をした際のお土産も、同様に。絶対に必要ということはありませんが、お土産は休みの間仕事をフォローしてくれた人たちにお礼を伝える、いいきっかけになります。また、社風や部署の慣例にもよるので、先輩に聞いてみてもいいですね。

Q

上司や先輩は
忙しそうだけど、
定時になったら
帰っていい？

A

手伝いを申し出て、
必要なければ
お先に失礼しましょう。

定時になって自分の仕事も終わっているけれど、上司や先輩はまだまだ帰る気配がない。ちょっと帰りにくいですね。そんなときは、**「お手伝いしましょうか」**と声をかけてみましょう。それでも「大丈夫、帰っていいよ」と言われたら、退勤して問題ありません。

先に帰ることを後ろめたく思う必要はありません。定時以降は時間外労働になり、残業代も発生します。会社にとってもあなた自身にとっても、決められた仕事を、決められた時間内で終わらせて退勤することが理想的です。

とはいえ、やっぱり悪いような気がする……というときは、さっと部署内の片づけなどをしていきましょう。出しっぱなしになっているものを所定の場所に戻す程度のことでOK。また、郵便物などがあれば声をかけて預かっていき、帰りがけに投函しましょう。ちょっとしたことですが、忙しいときにはありがたいお手伝いになります。

そして、帰り際には「お先に失礼します」の挨拶を忘れずに。気がひけるからといって、こそこそっと帰ってはだめですよ。

Q

急な休みや遅刻の連絡、メールやLINEでしてもいい？

A

基本は電話で。電話ができない場合にメールなどを使います。

急な休みや遅刻など、緊急時の連絡方法については、会社に規定が設けられている場合がありますので、あらかじめ確認しておきましょう。

とくにとり決めのない場合、**緊急で重要な連絡には電話を**使いましょう。メールやＬＩＮＥは相手が着信に気づかないことがあり、連絡がないと心配をかけてしまうかもしれません。職場の固定電話などへの電話で、確実に連絡する習慣をつけましょう。

電車での移動中などでどうしても通話ができない場合は、メールを使ってもよいかもしれません。ただし、通話できる状態になったらなるべく早く電話で連絡しましょう。

このような連絡の相手は上司です。同僚などから上司に伝えてもらう、ということはなるべく避けます。電話をしたときに上司が不在だったり電話に出られなかったりした場合には、伝言をお願いしてもよいでしょう。

急な休みや遅刻の場合、上司もあなたの体調や様子を気にかけています。直接話をすることで、安心してもらえるはずです。

Q

予定時間になったので黙って外出したら、上司に怒られた。

A

外出時は必ず「行ってきます」、戻ったら「戻りました」を習慣に。

取引先への訪問や営業の外出というと、先方へ到着してからのことばかり考えてしまいますが、実は会社を出るときにも大事な仕事があります。それが「行ってきます」の挨拶です。

外出は会社の指示や許可のもとでする仕事なので、**「はじめます」という報告、つまり「行ってきます」が必要**です。必ず上司に「行ってきます」と声をかけてから出かけましょう。上司は、その日の外出でのあなたの課題や注意点を伝えたいと思っているかもしれません。とても大事な機会ですので、忘れずに挨拶してから出かけましょう。

戻ってきたときも同じです。**外出という仕事が終わったことを「戻りました」の挨拶で報告**します。上司は、部下が無事に会社に帰ってきたことを確認しないと落ち着かないもの。元気な声で安心してもらいましょう。

なお、訪問先や帰社予定時刻を書きこむ「外出ボード」を活用している職場も多いと思います。挨拶とあわせて必ず記入しましょう。会社に戻ったら消すのも忘れずに。

Q

席を外すとき、誰かにことわりが必要？

A

すぐ戻るとき以外は隣の人に一言。

仕事中に長時間席を外すときは、社内であっても、**どこに行くのか、いつ戻るのかを隣の席の人などに**伝えておきましょう。そうすれば、席を外している間にあなた宛ての電話などがあった場合に、適切に対応してもらえます。さらに、机の上に「○～△時まで会議室で打ち合わせをしています」というようなメモを置いておくと安心です。

コピーやお手洗いなど数分で戻ってくる場合なら、とくに言わなくてもかまいません。ただ、こうして黙って席を外した場合はすぐ戻ってくるとまわりの人も思っているので、なるべく早く席に戻りましょう。廊下でばったり会った同期と長話などをしていると、心配されてしまいます。

たとえ短時間でも席を外すときは、機密事項や個人情報などは机の上に出しっぱなしにせず、来客の多い部署ならパソコンのモニターもオフに。

知っ得！

ちょっと席を外したとき、椅子がデスクから元気よく飛び出していることが。急いでいても椅子はしまって！

Q

仕事が終わらない……。こっそり休日出勤してもいい？

A

無断で出勤せず、必ず上司に許可をもらいます。

今日は、お休みですよね…
ハイ…スミマセン…仕事が…

割りあてられた仕事が期日までに終わらない、ということを上司に報告するのはちょっと勇気がいりますね。上司にわからないように休日出勤をしてなんとか間に合わせたい、と思うかもしれません。

でも、**休日出勤をする際には、必ず上司に相談して許可を得ましょう。**もしもあなたが出勤途中や業務中に事故にあった場合、会社は責任をとらなければならないので、出勤には会社の了解が必要なのです。無断出勤はＮＧ。

休日出勤をする場合、前日までに上司に許可を得ます。休日は通常の出入り口が使えない場合もあるので、出入りのしかたなどを確認しておきましょう。

休日明けには、上司に出勤した日の業務の報告をします。

仕事が思うように進まないのには原因があるはず。休日出勤が必要になる前に上司に相談しましょう。仕事の進め方などのアドバイスをしてくれますよ。

休日出勤でもあまりラフな服装は避けましょう。誰かが出社してきても気まずくならない程度の服装で。

Q

よく連絡するので、取引先の名刺を電話の横に貼っておきたい。

A

名刺を出しっぱなしにするのは避けて。

登録したアドレスから発信できる携帯電話と違って、会社の固定電話はいちいち番号をプッシュしたり、短縮番号を検索したりしなければなりません。えと電話番号は……ということが重なると、そうだ、電話の横に名刺を貼っておこう！　と思いますね。

いいアイデアのようですが、残念ながらこれは禁止。**名刺などの個人情報は人目にふれるところには出しっぱなしにしません**。使用しないときは、必ず所定の場所にしまっておきましょう。鍵のかかる引き出しでの保管を義務づけている会社もあるくらい、ビジネスの場では個人情報の管理はきっちりとおこなうのがルールです。

名刺のような紙類だけなく、名簿のデータなども厳重に管理されています。データへのアクセスが制限されていたり、メールに添付することが禁止されていたりする職場もあるので、規定に従いましょう。

わずらわしいようですが、会社の信用にかかわる問題です。個人情報は慎重に扱いましょう！

Q

経費の領収書の宛名、「上様」でもいい？

A

社名を書いてもらうのを習慣にしましょう。

宛名は、いかがいたしましょうか
○×商事株式会社です！

「領収書の宛名はいかがいたしましょう?」「株式会社○※△☆でお願いします」「は? ○△☆※でしょうか?」「いえ、ええと……上でいいです」ちょっとややこしい社名の会社に勤めている人なら、こんな経験があるのではないでしょうか。間違った社名を書かれるくらいなら上様の方がいいや、と思ってしまいますね。

でも、領収書の宛名はやはり社名が望ましいです。お金を払ったという証明書なので、**支払い者を明確にしておくことが大切**なのです。

聞きとりにくかったり、漢字が難しかったりする社名なら、日ごろから社名のメモを財布などに入れておいて、領収書を発行してもらうときに見せるのもいい方法ですね。

社名は「株式会社」なども省略せずに正式に書いてもらいましょう。ただし書きの「お品代」を禁止している会社もありますので、文具代、書籍代など、具体的に書いてもらいましょう。また、領収書には発行者の印鑑が必須です。きちんと捺印《なついん》されているか、必ず確認しましょう。

Q

エレベーターに社長が乗ってきた! 降りた方がいい?

A

降りなくて大丈夫。挨拶をして、利用階をたずねボタンを押しましょう。

エレベーターの扉が開いたら、そこに社長がいた。しかも乗ってきちゃった！　突然のことでドキドキしてしまいますね。でも大丈夫、落ち着いて。まずは「おはようございます」などの挨拶をしましょう。そして**「何階にいらっしゃいますか？」**と利用階をたずね、その階のボタンを押します。その後はしーんとしてしまうと思いますが、無言で問題ありません。もし何か話しかけられたら、目的階につくまでに話が終わるよう、なるべく簡潔に答えましょう。

社長があなたより先に降りるときは、扉の「開」ボタンを押しながら**「失礼いたします」**とお見送りしましょう。あなたの方が先に降りる場合は、エレベーターを降りる前に「失礼いたします」と挨拶し、外に出たら扉が閉まるときにお辞儀をしましょう。

知っ得！

大きな企業では、若手社員と社長がかかわることはあまりないと思いますが、社長の顔はしっかり覚えておきましょう。

Q

エレベーターの席次って守った方がいい？

A

基本を押さえて可能な範囲で対応を。臨機応変に！

会議や宴会、車などでも、席次というのは複雑なものです。なかでも難しいのがエレベーターの席次。まず基本を覚えておきましょう。

あなたが新人で、目上の人と二人でエレベーターに乗る場合、あなたは外側のボタンを押し、「どうぞ」と声をかけて目上の人を誘導します。三人以上の場合、**あなたは次に乗り、ボタン操作のためにパネル前に立ちます**。「失礼します」と言ってあなたが最初に乗り、「開」ボタンを押して全員が乗るのを待ちます。操作パネルの奥がもっとも役職の高い人の位置。上役から順に乗り、順番に詰めてもらうのが自然ですが、上役たちが乗りこむ順番や立つ位置を、あれこれ指図もできません。なりゆきにまかせるのも一つの方法です。

社外の人に案内されてエレベーターに乗るときは、上役より先に乗らない、操作パネルの真奥に立たない、を心がけていればOKです。席次を意識しすぎて、たくさん人が乗ってきても立ち位置を死守！　はNG。柔軟な対応を。

なお、エレベーターの中では黙っていてもとくに失礼にはあたりません。誰が乗ってくるかわからないので、黙っているのが得策です。

Q

私用の宅配便を会社で受けとりたい。

A

念のため、先輩や上司に許可を得ましょう。

毎日会社で遅くまで仕事をしている一人暮らしの人は、なかなか宅配便を受けとることができませんね。受けとれないまま不在票がたまってしまう人もいるのではないでしょうか。

通信販売などでは、勤務先での受けとりを指定できることがあります。職場でなら間違いなく受けとれそうですが、**配達を指定する前に、先輩や上司に相談をして許可を得ましょう。**

許可を得られたら、配達の手配をします。届け先は詳細に指定しましょう。部、課、グループなど、所属しているもっとも小さい単位まで記載して、確実に自分のところに届くように手配します。配達日にやむを得ず外出する場合は、在社予定の人に「私宛に私用の荷物が届きますので、申し訳ありませんがかわりに受けとりをお願いできますか？」とお願いしましょう。業務外の私的なお願いごとですのでとくに丁寧に。

また、職場では、着払いのもの、あまり大きなもの、匂いの強いもの、壊れやすいもの、高額のものなどの受けとりはひかえましょう。

Q

昼休みなら机で昼寝してもいい？

A

休憩室などがあれば、そちらを利用しましょう。

お昼ごはんを食べると満腹でうとうと……。午後の仕事の前にちょっと昼寝をしたいという人も多いのではないでしょうか。昼食後の二十分ほどの昼寝は午後の眠気をおさえ、仕事の効率を上げるという説もあることから、昼寝を推奨している会社もあります。では、どこで寝たらいいのでしょう？

職場に**休憩室やリフレッシュルームのようなものがあれば、そちらを利用するのがベスト**。気がねなく、また電話の音などにも妨げられずに眠れます。

そういった施設がなければ、先輩に机で昼寝をしても差し支えないかたずねましょう。お客様から丸見えといったNGのケースもありますが、OKの場合にも配慮が必要です。職場によっては、昼休みの時間がまちまちで、働いている人と休んでいる人が混在していることもあるかもしれません。隣の席で先輩が仕事をしているのに、昼寝をするのはなんとなく気まずい……と思ったら、**「昼休みなので、少し失礼させてください」**とことわってもいいですね。

昼寝をする際は、携帯電話のアラームなどをセットして、寝すごさないように注意しましょう。

Q

トイレットペーパーを三角に折ると上品なんですか？

A

三角に折るのは「清掃しました」のサイン。折らずにそのままで。

トイレットペーパーが三角に折られていたら、同じように折ってから出た方がいいのかな？　と思いますね。意味はわからないけど、原状復帰した方がよさそうな……。でも、**正解は「折らない」**です。

三角に折ってあるのは、「お掃除しました」というサイン。「掃除したてだから安心して使ってください」ということです。あなたがトイレを使用したら、もう掃除したての状態ではなくなりますので、三角折りは必要ありません。使ったままにしましょう。

三角折りで清掃済みのトイレだとわかるのは安心、という人もいる一方で、トイレットペーパーは衛生用品だからなるべく人にさわってほしくないな、と思う人もいるようです。人それぞれ考え方や感じ方が違うということを、心にとめておきたいですね。

知っ得！

職場のトイレの個室にこもって、スマホをいじったり、居眠りをしたりする人もいるようです。まねしないでくださいね！

Q

机に推しの写真を飾ってもいいですか？

A

業務に関係のない私物にあたりますが、職場の雰囲気次第です。

仕事には不安や苦労がつきもの。ストレスやプレッシャーをやわらげるもの、元気にさせてくれるものを身近に置いておきたい、という気持ちは誰にでもありますね。会社の机に家族やペットの写真を飾る人もいます。

本来、仕事の机には私物は置きませんが、こうした写真類は例外として**少しなら許容するという職場が多い**ようです。ただし、業務内容や社風によってはひかえた方がよいところもあるかもしれないので、**社内の雰囲気をよく見て判断**しましょう。

飾ること自体は問題なくても、飾る写真が周囲の人に不快感を与えないよう、職場の雰囲気を極端に変えてしまわないよう気をつけましょう。写真だけでなく、パソコンの壁紙、キャラクターグッズなどの場合にも同様の配慮が必要です。

知っ得！

ひいきのスポーツチームのグッズなどは、仲よくなるきっかけにも、対立の火種にもなるようです……。

Q

出張のときの食事代って、会社に請求できる？

A

食事代は原則として請求しません。

ご当地の郷土料理や名産品を食べられることが、出張中のひそかな楽しみ！という人は少なくありません。けれども、出張のたびに毎食ご馳走を食べていると、心配なのはお財布の事情……。食事代は出張経費に含まれるのでしょうか？

原則として、**出張時の食事代は経費として認められない**ので、個人で負担します。これは、ふだん会社で仕事をしているとき、社員のお昼ご飯の費用や、会社帰りの夜ご飯の費用を、基本的に会社が出さないのと同じ扱いですので、出張中でも食事はいつもどおり自分のお金で支払います。めったに来られない土地だからといって、あまりはめをはずさず、お財布と相談しながら食事をしましょう。

出張中に、取引先への接待で食事をする場合には、会社が経費として負担してくれます。ただし、あらかじめ出張の前に上司の許可を得たり、予算を確認したりするようにしましょう。また、食事の後は領収書を発行してもらうのを忘れずに。

Q

社内の人に
年賀状って必要？
年始に
すぐ会うのに。

A

社風によるので、
先輩に聞いてみましょう。

何かと忙しい年末に、厳しい締め切りのあるミッションがあります。元日必着の年賀状です。なかなか会えない人ならともかく、必ず新年に会う会社の人にまで出さなくてもいいんじゃない？　と思ってしまいますね。

近年は、個人情報の問題や価値観の変化から、年賀状を推奨しない職場もあるようです。**会社によって対応が異なるので、先輩に聞いてみましょう。**

年賀状のやりとりをする会社なら、上司や先輩に「年賀状をお出ししたいので、住所を教えていただけますか？」と聞きましょう。出す人と出さない人がいるのは不自然なので、部や課など、範囲を決めたら全員に出します。

文面を印刷してある年賀状でも、日ごろの指導のお礼や新年の抱負などを一言自筆で書き添えると丁寧です。クリスマスくらいまでに投函すれば、確実に元日に届けられます。

年賀状とともに季節の挨拶の定番だった上司へのお中元やお歳暮は、最近では送らない風潮になっているようです。あらたまった挨拶の機会が減っているので、ふだんからちょっとした機会に感謝を伝えることを心がけましょう。

Q

バレンタインデー、「義理チョコ」は必要？

A

先輩に確認しましょう。会社の「しきたり」があることも。

好きな人にあげる「本命チョコ」の他、男性からの「逆チョコ」、友達とやりとりする「友チョコ」、自分へのご褒美《ほうび》の「自分チョコ」なども現れて、バレンタインは年々盛り上がりを見せています。でも、気が重いのが職場の「義理チョコ」。なんだかややこしいお作法がありそうです……。

社内での贈り物やお祝いは、**会社のやり方に合わせる**のが無難。先輩に聞いて「しきたり」に従いましょう。社内では贈らないという方針ならスルーするのがベター。一人だけで贈ると浮いてしまいそうですね。

女性社員の連名で贈る方針の会社なら、集金や買い物などのお手伝いを申し出ましょう。当日の配布係をおおせつかったら、「女性社員一同からです。いつもありがとうございます」とにこやかに渡すといいですね。本来の業務外のことですが、感謝の気持ちを伝える機会として前向きに！

チョコレートをもらった男性は、ホワイトデーにお返しを用意しましょう。お返しのしかたも会社によってさまざまなので、先輩に確認を。そんなに奮発しなくていいので、「ありがとう」のやりとりを楽しみましょう。

PART 6

これだけ覚えて一安心「社外」のマナー

社外のマナー三箇条

1

何より信用が第一。

一緒に仕事がしたいなと思ってもらえるように。

2

自己紹介ははきはきと。

自分のことは「わたし」もしくは「わたくし」と言いましょう。

3

姿勢は崩れていませんか？

背筋を伸ばして深呼吸すると、社外での緊張もほぐれますよ。

Q

出されたお茶、飲みほしたらだめって聞いたけど……。

A

手持ち無《ぶ》沙《さ》汰《た》にならないよう、少しずつ飲みましょう。

出されたお茶を飲みほしてはいけないという謎マナーの真相は、「お茶を全部飲むことは、相手の要求を全部飲む意味につながるから」ということのようです。験担《げんかつ》ぎのようなものですね。そういったことにこだわらなければ、**全部飲んでかまいません**。

ただ、**お茶はあまり早く飲みきってしまわず、少しずつ飲むことをおすすめします**。というのは、話がとぎれてしまったときや、相手が何かしているのを待つときなどに、お茶があると間がもつからです。

お茶を飲むタイミングは、面談の相手が「どうぞ」と声をかけてくれたときです。「いただきます」と一言挨拶をしてから飲みましょう。上司と同席での面談なら、上司が飲むのに合わせるといいですね。上司より先にお茶に手をつけないように注意しましょう。

知っ得！

出されたお茶菓子もいただいてかまいません。かけらをこぼさないように要注意。

謎マナー??

Q

名刺は相手より低い位置で渡すってほんと？

A

高さはあまり気にしなくてよいので、丁寧な受け渡しを心がけて。

低く 低く…
お世話になります…
ヤリスギ…

「相手より低い位置で」をお互いに実践したら、無限に下がっていってしまいますね。どこかでストップが必要なはず。妥協点はどのあたりでしょうか？

基本的に名刺は**年上の人やお客様の名刺より上では渡しません**。若い人なら低めの位置で渡しておけば間違いないので、相手の名刺の高さより少し下くらいを目安にしましょう。相手がそれより下に出してきて、それに対してあなたもあまりにも下げすぎてしまうと、相手も受けとりづらくなってしまいます。

そんなときは、まず相手の名刺を受けとってしまいましょう。本来は自分から先に名刺を渡した方がよいのですが、「失礼してお先に頂戴《ちょうだい》します」などとことわって臨機応変に。そして、あらためて「申し遅れました」と言い添えて自分の名刺を渡します。これなら上下は気にしなくてすみます。

名刺を渡すときは、はっきりと名前を名乗り「よろしくお願いいたします」と挨拶をしましょう。受けとるときは両手で受け、「頂戴します」と挨拶を。大事なものをいただきました、という気持ちを表しましょう。名刺交換は名前を覚えることが目的であることを念頭に置きつつ、丁寧に！

Q

お客様と上司と三人でタクシーに乗ることに。私の席はどこ？

A

助手席に乗りましょう。

上司と外出したら、突然「タクシーで行こう」と言われた！　そんなときのために、タクシーの席次を覚えておきましょう。

上役は運転席の後ろ。次が助手席の後ろ。三番目は後部座席の真ん中。いちばん目下の人が助手席ですが、お客様と上司、**あなたの合計三人の場合、あなたは助手席に**。後部座席の真ん中に座ると、お客様と上司が話しづらいからです。あなたもちょっと居心地が悪いですよね。

三人での乗車だと、ドライバーによっては全員後部座席に座ってほしいと言うかもしれません。一度乗った上司に降りてもらって席次を守ると、上司をわずらわせてしまいます。**乗車の前に、助手席に座ってもいいか、ドライバーにたずねるとスマートです**。

なお、タクシーに乗るときはいろいろお仕事があります。まずタクシーをつかまえ、乗車したら行く先を告げ、目的地に着いたら精算して、領収書も忘れずにもらいます。降車時には車内に忘れ物がないか確認をします。車を降りたら、上司はあなたを待っていますので、「お待たせしました」の一言を。

Q

社外への訪問、到着時間の目安は？

A

会社に十分前、担当者のところに約束の時間ちょうどに到着が理想的。

仕事はなんでも少し早めが安心ですが、訪問だけは相手の都合があるので、あまり早くても失礼になります。**約束より五分以上早くたずねるのはひかえたい**もの。個人宅の場合は時間ちょうどにチャイムを押せば間違いありませんが、会社の場合、受付に時間がかかったり、社内のエレベーターが混んでいたり、見こみどおりにいかないこともあります。ちょうどいい到着のタイミングをねらいすぎて約束の時間に遅れるのも心配ですね。

はじめて訪問する会社なら、**遅くとも約束の十分前には到着しましょう**。到着したら、身支度をしながら受付の有無などを確認。五分前に受付をすませると、約束の時間までに担当者のところへ到着できるはずです。

遅れたときのお詫びはマストですが、もし早めにたずねてしまったらその場合も「早くうかがってしまい申し訳ありません」の一言を。

知っ得！

インターネットの乗換案内の時間はぴったりすぎるので、他社を訪問するときは一本前の電車を心がけて。

Q

応接室に「ご自由にお持ちください」の会社案内。もらっていい？

A

室内のものには無断でさわらず、先方にことわってからもらいましょう。

ご自由にお持ち下さい。
会社案内
会社案内
会社案内
いいのかな…？

応接室で面談相手を待つ手持ち無沙汰《ぶさた》な時間、「ご自由にお持ちください」と置かれた会社案内が目に入ると、つい手にとりたくなりますね。取引先の会社について興味を持つのはよいことです。でも、ここでは手をふれず、後でもらうようにしましょう。

会社案内にかぎらず、**訪問先の室内にあるものに無断でさわるのはひかえた方がよい**でしょう。万が一壊したり汚したりしたらたいへんです。自由に持って行ってよいとされている会社案内のようなものも、先方の所有物ですから遠慮をするのが無難です。

面談が終わったら、**「こちらの案内をいただいてもよろしいですか？」とたずねてみましょう**。「もちろん、どうぞお持ちください」と言ってくれるはずです。会社のことを知ろうとしているという姿勢は、先方にとってもうれしいことなので、せっかくですから「ください」とお願いした方が、きっとお互いに気持ちがいいですね。「ありがとうございます。頂戴《ちょうだい》します」とお礼を言って、丁寧に鞄にしまいましょう。

Q

ドアをノックする回数が決まっているという噂を聞いた。

A

絶対の回数はありませんが、三、四回を目安にしましょう。

ノックの回数にとくに決まりはありません。会社によって、ノックの回数は何回という決まりが社員の間で引き継がれていることもあるので、その場合はそれに従いましょう。

とくに決まりがない場面では、三、四回を目安に考えましょう。二回はトイレのノックで失礼と考える人もいるようなので、**三回か四回なら安心**です。

あまりひかえめなノックでは聞こえませんが、力まかせに叩いてはいけません。「ココココ」でも「ドンドンドン」でもなく、**手を軽く握って手のひら側で「コンコンコン」とノックするとちょうどいい音が出ます**。

ドアをノックした後、間髪を入れずにドアを開けるのはNG。「どうぞ」などと答えてくれる人もいますので、一呼吸おいて「失礼します」と声をかけてドアを開けましょう。

英語ではノックの擬音は「knock, knock, knock」。ドアを叩かず「knock, knock」と言う人もいるようです。

Q

訪問先で上座の席をすすめられた。辞退して下座に座るべき？

A

「失礼いたします」と言ってすすめられた席に座りましょう。

取引先で応接室や会議室などに通されたとき、「こちらにどうぞ」とすすめられる席が上座、ということがよくあります。上座は目上の人の席、と先輩に教わった。どうしよう……。

でも、こうした場合は**先方からすすめられた席に座って問題ありません**。自社に訪問してきた人には、誰であっても上座をすすめるのが慣例です。応接室などは、そのような席次で接客するのに都合がよいようにしつらえられていますので、すすめられた席に座りましょう。とくに、書類があらかじめセッティングされた会議室などで無理に下座に移動するのは、先方を混乱させることになるのでひかえましょう。

それでもやっぱり上座につくのは恐縮してしまうというときは、**「おそれいります」「それでは失礼いたします」などと挨拶してから座る**と丁寧です。すすめられた席に座って待っていてかまいませんが、誰もいなくても足を組んだりせず、背筋を伸ばして姿勢よく。面談相手が部屋に入ってきたら、すぐに立ち上がって挨拶をしましょう。

Q

取引相手と自社社員を引き合わせるとき、どちらを先に紹介するもの？

A

取引先に自社社員を紹介するのが先です。

あなたが新しく開拓したお客様と上司を引き合わせて紹介する。とてもうれしくて誇らしい場面ですね。でも、はっと気づいてしまいます。「どっちをどっちに紹介するのが先かわからない！」

他社の人と自社の人を引き合わせるときは、**はじめに他社の人に自社の人を紹介**しましょう。「○○様、こちらが弊社の△△です」という具合です。他社の人の「この人物は誰だろう？」という疑問を解決するのが先、と考えるとよいですね。たとえ引き合わせる自社の人が社長であったとしても、この順番は変わりません。

上司を先に紹介すると、後は二人の名刺の交換がはじまって、その際に他社の人は自分で上司に名乗ってくれますので、あなたは少し下がってにこやかに見守っていればＯＫです。

知っ得！

自分の上司を紹介するとき、うっかり「○○部長です」といった呼び方をしないようにしましょう。（↓74ページ）

Q

取引先でのミーティングに競合他社の商品を持ちこむのは失礼なの？

A

取引先の製品の方が気がねなく使えます。

ものを作ったり販売したりしている会社の人は、ライバル会社の商品にとても敏感です。あなたが持ちこんだライバル社のものが「あ、○○社の商品だ」と気になって、とくに気分を害してはいなくてもじっと見てしまうかもしれません。そうなるとあなたもなんだか居心地がよくないですね。そんな状況を避けるためにも、**競合他社の商品を持ちこむのはひかえた方がよさそう**です。取引先の製品なら堂々と使えますので、ミーティングにも集中できるのではないでしょうか。

ミーティングの場合にかぎらず、ふだんから**取引先の商品を使うことを心がけましょう**。取引先の人にとっては、自社の商品が使われているのを見るのはうれしいことです。また、取引先の商品の使用感などを実感することは、あなたの仕事のうえでもきっと役に立ちますよ。

取引先のノベルティグッズなども、もらったら積極的に使って。取引先の宣伝のお手伝いになります。

Q

お客様との打ち合わせ中に携帯が鳴りだしちゃった！

A

お客様に一言お詫びをして、通話せず自動応答に切りかえましょう。

まず、**打ち合わせや会議、面会の前には、携帯電話などをマナーモードにする習慣を徹底**しましょう。

それでも、うっかり忘れて、打ち合わせ中に呼び出し音が鳴りだしてしまったら。無視したいところですが、鳴りっぱなしの電話は面談相手にとっても気になるものなので、止めなければなりません。まず**「申し訳ありません、私の携帯です。失礼いたしました」**と相手に一言お詫びします。ことわりなくいきなり携帯をとり出すのは避けましょう。その後、携帯を自動応答に切りかえて呼び出し音を止めます（自動応答機能は、機種によっては搭載していない場合がありますが、アプリをダウンロードすることで解決できます）。電話をかけてきた相手が誰であっても通話はひかえましょう。そしてこのとき、マナーモードにすることを忘れずに！　操作を終えたら、もう一度「たいへん失礼いたしました」とお詫びして、面談に戻りましょう。

反対に、面談の相手の携帯が鳴りだしてしまったときは、「どうぞ」とあなたの方から声をかけてあげると親切ですね。

Q

訪問先で出されたお茶のペットボトルは持って帰った方がいいの？

A

ゴミの処分を先方にさせないよう、持ち帰りましょう。

最近は、面談の際のお茶もペットボトルで出されることが珍《めずら》しくなくなりました。手軽なペットボトルにも注意の必要な点があります。お茶碗《ちゃわん》で出された場合、お茶碗は当然置いて帰りますが、**口をつけたペットボトルは必ず持ち帰りましょう。**先方から「こちらで処分するので、置いていってください」と声をかけてくれるかもしれませんが、お言葉には甘えません。

わざわざ処分を申し出てくれたのに「いいえ、自分で処分しますので」とは言いにくいという人は、出されたペットボトルの飲み物をある程度残しておくのもよいでしょう。帰り際に「こちらはいただいて帰ってもよろしいですか？」とたずねれば、スムーズに持ち帰ることができます。

ペットボトルを開栓しなかった場合は、置いて帰っても問題ありません。「お気づかいありがとうございました」とお礼を忘れずに伝えましょう。

出されたお茶菓子は、個包装のゴミなども持ち帰ります。小さく折ってなるべく早めにさりげなくポケットへ。**もらったものは自分のものだから、そのゴミは訪問先には置いて帰らない**、と覚えておきましょう。

Q

取引先の人と挨拶するとき、先に名刺を出すのはどっち？

A

訪問した方から出すのが基本です。

会社をたずねた方が先に名乗って挨拶をする、と覚えましょう。「本日御社にお邪魔したのはこういう者です」ということですね。取引関係や役職の上下などはあまり気にせず、訪問したときはあなたから名刺を出しましょう。

訪問した側だと、先に名刺を渡さなければとあせってしまうかもしれませんが、初対面の挨拶はあなたの印象を決める大切なものなので、落ち着きましょう。面談前に名刺入れをとり出しやすいところに移しておくと、スムーズに名刺交換にのぞめます。もし先方から先に差し出されてしまったら「おそれいります、お先に頂戴《ちょうだい》します」などと言って受けとり、渡すときには「申し遅れました、○○社の△△です」と挨拶をすればＯＫです。

訪問を受けた側であっても、とくに**若い人なら、相手から挨拶に来られるのを待たずに、積極的に自分から名刺を渡して挨拶をしてもいいでしょう。**ただし、相手が名刺入れを探してごそごそしているような気配があったら、あせらせないようにさりげなく待って、タイミングよく名刺交換ができるよう心配りをしましょう。

Q

名刺をもらうとき、会社名やロゴが隠れないように受けとれって……。

A

社名や名前は相手そのものだと思って名刺を扱いましょう。

名刺はその人そのもので、**名刺に記載されている名前や社名、ロゴは、人間の体にたとえたら顔のようなもの**だと考えましょう。そうすると、もらった名刺の名前の上に手を置くことはためらわれますね。自然に名前をよけて持つことができると思います。

また、名前を指で隠してしまうと、名前が確認しにくいという不便な面もあります。初対面の**相手の名前をしっかり確認するためにも、名前が隠れないように余白部分を持つようにして受けとりましょう**。

持ち方をあまり気にしすぎて名刺をつまむような手つきになるのは不自然なので、少しくらい文字に指がかかってしまってもかまいません。無造作にわしづかみにするような持ち方は避け、丁寧に扱うことが大切です。

面談中はテーブルの上に名刺を出しておきますが、その場合も書類などが名刺の上に重なってしまわないように気をつけましょう。万が一、名刺にお茶などをこぼしてしまったらたいへん！　受けとった名刺の安全はしっかり確保してください。

Q

もらった名刺をすぐにしまうなと注意された。

A

面談中はテーブルの上に出しておくのが一般的です。

もらった名刺をすぐにしまってしまうと「あんまり興味ありません」という感じに見えてしまうかも。特別な事情がないかぎり、**受けとった名刺はテーブルの上に**出しておきましょう。

複数の人と名刺交換をしたときは、**相手の座っている順番どおりに名刺を並べておきます**。名札がわりになるので、すぐに名前を覚えられなくても、呼び間違える心配がありません。早々と名刺をしまうと、「もう全員の名前を覚えた」ということを前提として面談が進んでしまうので、名前の記憶があやふやな場合は要注意です。

お茶を出してもらったり書類が配られたりして、テーブルの上が混雑してきたら、面談中に名刺をしまってもよいでしょう。最後まで出しておいた場合は、「それでは本日はこれで失礼します」の挨拶の後、名刺をしまいます。

名刺をしまうとき、複数の名刺が並んでいても、トランプのようにかき集めてはいけません。一枚一枚丁寧に扱いましょう。名刺は必ず名刺入れにおさめて、男性はスーツの内ポケットに、女性は鞄に入れて持ち帰りましょう。

Q

名刺の名前が読めない……。

A

その場で確認！

人の名前は読み方がいろいろなので、読めなくても恥ずかしいことではありません。間違えて呼びかけてしまうとかえって失礼なので、**名刺交換のときに読み方を確認**しましょう。

名刺から判断できなかったら「**失礼ですが、お名前はなんとお読みするのですか？**」と聞きましょう。教えてもらったら頭で記憶して、その場で名刺に書きこみをするのはひかえて。

もしも、後になって読み方がわからなくなった場合、その名刺から情報を探すこともできます。読み方が難しい名前にはフリガナがふられていることがあります。表側は日本語表記、裏側は英語表記の名刺なら、英語表記の方で読みがわかるかもしれません。または、メールアドレスの＠の前にフルネームが入っていることも。これらをチェックするとわかることもありますよ。

読めない名前を「変わった名前」などと表現するのは避けましょう。あくまでも自分には読めなかった、という姿勢で。

Q

接待のご招待が！
即答していい？

A

返事を保留して
上司に相談を。

飲み会大好き！　喜んで！　と言いたいところですが、取引先などから招待される飲み会や会食は業務。上司の許可が必要です。**「上司に相談してからお返事させてください」**と返事を保留して、会社に戻ってから上司に報告、相談しましょう。許可が出ても出なくても、先方にはなるべく早く返事をします。

出席する場合には、当日会社を出る前に、業務中の外出と同じように「行ってきます」と上司に一声かけましょう。接待ではお酒もすすめられると思いますが、業務の一環であることを忘れず、酔っ払いすぎないように加減しながら、情報交換や会話を楽しんで。

翌日、出社したら先方にお礼のメールを入れましょう。また、上司には出席者や話題にのぼったことなどを報告します。業務上重要なことがあれば、報告書などにまとめてもよいでしょう。

知っ得！

接待をことわるときは「せっかくのお誘いですが、〇〇のため、遠慮させていただきます」のように丁寧に。

PART 7

社会人の品格を上げる「冠婚葬祭」のマナー

冠婚葬祭のマナー三箇条

1

会社の代表の自覚を持とう。

他の出席者からは、会社の代表と見られていますよ。

2

電報を便利に使おう。

出席できないときに。インターネットからも送れます。

3

黒いネクタイを常備して。

万が一に備えて、ロッカーに黒ネクタイや葬儀用ハンカチを備えて。

Q

結婚祝いにグラスを贈りたいけど、「割れるものは縁起が悪い」？

A

近年は贈っても問題ない傾向にあります。

お酒の好きなカップルなら、新生活に新しいグラスをプレゼントしたら喜んでもらえそうですね。ですが、グラスは結婚のお祝いには向いていないとされてきました。結婚祝いでは、結婚生活がうまくいかなくなることを連想させる言葉は慎みます。また、そうした言葉にまつわる品物も贈らないことになっています。具体的には、**割れる、壊れるなどを連想させるガラス類や、別れる、切れるなどを連想させる刃物類です。**

しかし、近年ではグラスや磁器、陶器も一般的に贈られるようになってきました。日ごろから親しくしている人へ差し上げるのはかまいません。それでも、形式を大切にする人や目上の人には、避けた方が無難ですね。

ちなみに、あるシチュエーションで使わないようにする言葉を「忌《い》み言葉」といいます。結婚式なら破局を連想させる「割れる・壊れる・別れる・切れる・破れる・終わる」の他、再婚を連想させる「重なる・繰り返す」も忌み言葉です。結婚式のスピーチなどでは、これらの言葉を使わないように気をつけましょう。

Q

葬儀の際、女性は黒のパンツスーツでもOK?

A

パンツスーツで参列できます。

ナシ?

アリ?

フォーマルウェアの売り場にも女性用の喪服のパンツスーツが置かれていますので、**パンツスーツで問題ありません。**ハンドバッグや靴、アクセサリーなどの小物類、髪型やお化粧のマナーは、パンツスーツでもスカートの喪服の場合と同じです。

パンツスーツでは足元はほとんど見えませんが、スカートの喪服のときと同様、**黒のストッキングを着用**しましょう。黒のストッキングは悲しみの気持ちを表す装いなので、お葬式のときには必ず着用します。

タイツは防寒のためのもので儀式用の装いではないことから、お葬式にはストッキングの方がよいともいわれるようですが、寒い地域での真冬の葬儀に薄いストッキングで参列するのは難しいかもしれません。あまりカジュアルに見えないぴったりした黒いタイツなら、許容されるのではないでしょうか。

喪服は頻繁《ひんぱん》に買いかえるものではないので、長く着られるデザイン、サイズのものを選ぶのが無難です。

Q

お葬式でマスクをするときは、黒いマスクにするべき？

A

白でかまいません。

感染症の流行以降、葬儀の場でもマスクをすることが珍《めずら》しくなくなりました。黒いマスクも市販されていることだし、白いマスクは避けた方がいいのかな？　と気になりますね。

現状では、黒いマスクを使ってもかまいませんし、白いマスクでも問題ないでしょう。マスクは、儀礼のためのものというより衛生上の必要から着用するものなので、一般的な**白いマスクで失礼にあたりません**。葬祭会場のスタッフなども白いマスクで業務にあたっています。

葬儀では、どうしても涙をこらえられなくなってしまうということもあります。マスクを濡らして汚してしまったり、鼻をかむために外したりつけ直したりすることがあるので、念のため予備のマスクを持っていくとよいでしょう。

また、マスクをしていても、男性ならきちんとひげを剃り、女性なら口紅やアイシャドウのひかえめな葬儀用のお化粧をし、派手なネイルはしっかりと落として、**亡くなった方や遺族への礼儀を尽くして参列する**ことを心がけましょう。

Q

「平服で」の結婚式に普段着で行っていいの？

A

礼服のスーツやワンピースで参列しましょう。

結婚式の招待状に少し小さな字で印刷されている「平服でお越しください」。気になりますね。平服って？　辞書を引くと普段着、日常着という意味だかか、なーんだ、普段着で行っていいのか、と思ってしまいます。

ところがこの「平服」は、**フォーマルウェアにおける平服**、という意味なのです。フォーマルウェアとは、男性ならモーニングやブラックスーツ、女性ならドレス。そこまで正式でなく、それに準じた服でいいですよ、というのがフォーマルウェアの平服です。つまり、**男性ならフォーマルに近いダークスーツ、女性もドレス風のワンピースなど**のこと。ティーシャツやジーンズのような普段着のことではないのです。

ですから、「平服でお越しください」と書かれていても、カジュアルな服でいいという意味ではなく、「お気軽にお越しください」くらいの意味に受けとっておくのが無難です。カジュアルダウンしすぎず、儀礼の場、お祝いの場にふさわしいあらたまった服装で参列しましょう。なお、女性の黒一色のドレスは不祝儀のようになってしまうので避け、華やかな装いを心がけて。

Q

結婚祝いのご祝儀袋、何を使ってもいいの？

A

蝶結びのものは使えません。結び切り、淡路《あわじ》結びのものを選びましょう。

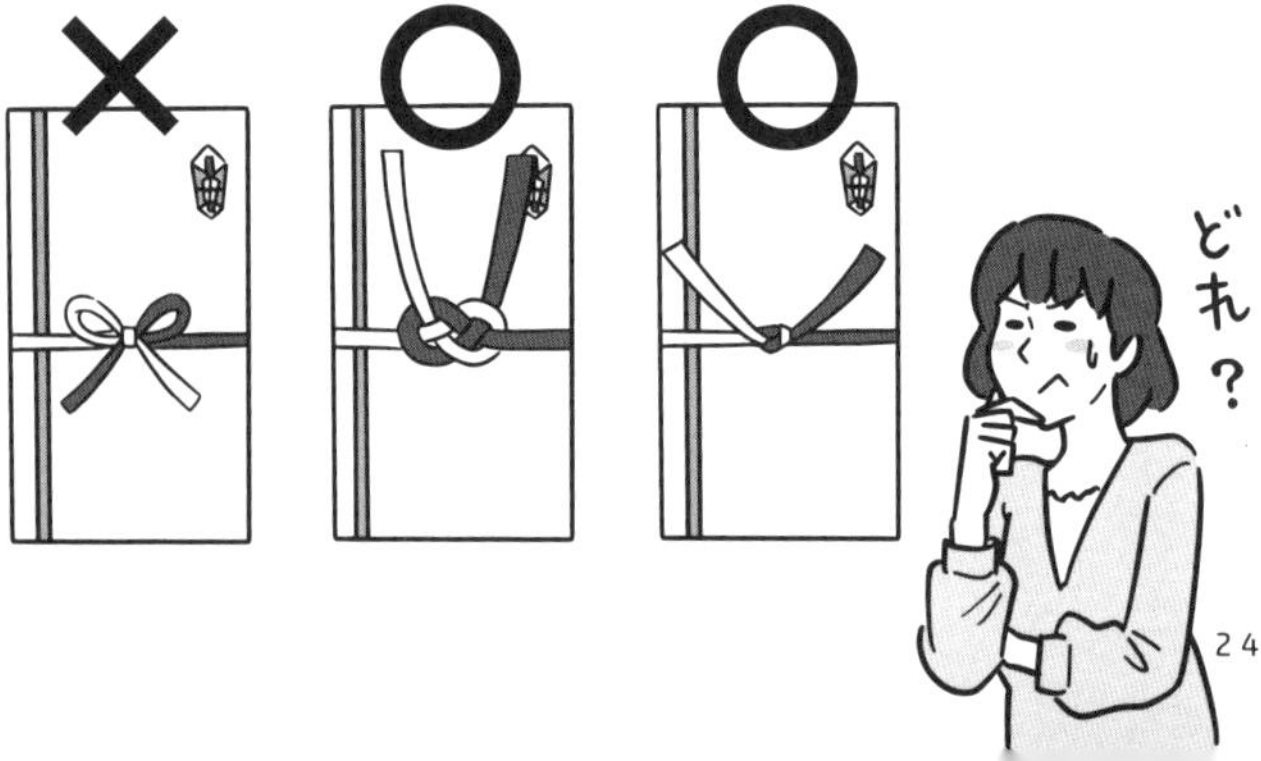

大きな文具売り場などのご祝儀袋コーナーに行くと、さまざまなデザインのご祝儀袋が並んでいますね。どれもきれいで迷ってしまいます。でも、中には結婚のお祝いには使えないものがあるので注意を。

ご祝儀袋にベルトのようにかけられている紙紐を水引《みずひき》といいますが、この**水引が蝶結びになっているものは、結婚のお祝いには使いません**。蝶結びは簡単にほどけて結び直すことができますね。結婚はほどけず人生一度きりであるように、との思いをこめて、蝶結びは使わないのです。

結婚祝いにふさわしいのは、結び切りといわれる飾りのない結び目のもの。一万円以下のご祝儀ならこの結び切りを選ぶのが一般的です。二つの輪を一つの輪でつないだ淡路結びもよいでしょう。こちらは一万円から三万円ほどのご祝儀が目安です。さらに凝《こ》った華やかな飾り結びのご祝儀袋もありますが、こういったものはだいたい三万円以上のご祝儀のために使われています。パッケージにご祝儀の金額の目安が示されていることが多いので、参考にして選ぶとよいでしょう。

Q

披露宴のご祝儀、
二万円で大丈夫？

A

大丈夫。
ただしお札二枚に
しないように気をつけて。

結婚のお祝いに偶数の金額はダメ！　と聞いたことがあるかもしれません。偶数は割り切れる数字で縁起が悪いので、結婚には割り切れない奇数の数字のご祝儀でお祝いをする、という習慣があるのです。年齢や付き合いに応じて、一万円、三万円、五万円……と奇数の金額を選びます。

ただ、近年では二万円のご祝儀もそれほど避けられなくなってきました。とくに、働きはじめて二、三年の若い人たちには二万円がちょうどよいという感覚があるようです。**二万円でも問題ない**でしょう。（↓268ページ）

二万円にする場合は、お札の用意のしかたに工夫をしましょう。二枚だと二つに分かれてしまいますので、**一万円札一枚と、五千円札二枚の合計三枚のお札に**します。割り切れない枚数にすれば縁起も悪くありませんね。なお、お札は新札を用意してください。銀行で新札にかえてくれますよ。

知っ得！

お札をご祝儀袋に入れるときは、お札の表がご祝儀袋の表側を向き、人物の肖像が上になるように入れましょう。

Q

結婚する先輩、披露宴に呼ばれていないけどお祝いは必要？

A

あなたの気持ちに合ったお祝いでじゅうぶんです。

結婚はプライベートなことなので、会社の人の結婚のお祝いは少し難しいですね。披露宴に呼ばれていないと、立ち入ったことをしない方がいいのかな、と迷ってしまうかもしれません。

お祝いしたい気持ちがあるなら、何かの形で表しましょう。ご祝儀を包むなら一万円ほどでじゅうぶんです。「有志一同」のように数人の連名で渡すなら、一人千～五千円くらいでもよいでしょう。ご祝儀ではなく、何か贈り物をしてもいいですね。食事や飲み会でお祝いをするのもよいでしょう。いつも行くお店より、ちょっとハイクラスなお店を選ぶとお祝いらしくなります。

お返しに気をつかわせたくない、ということなら、小さな花束、ちょっとしたお茶やお菓子、お酒などを渡して、「ご結婚おめでとうございます」と言い添えるだけでも気持ちは伝わります。式場に祝電を送る方法もありますね。

先輩としては、後輩に負担をかけないように、披露宴に招待していないのかもしれません。あなたはあまり遠慮せず、お祝いしたいという気持ちに素直に。ささやかでもいいので「おめでとう」を伝えてください。

Q

急なご不幸……。喪服を持っていない！

A

お通夜ならダークスーツでも参列できます。

スーツのあきやま
営業時間 10:00~21:00
ドンドン
僕に、喪服をください!!

喪服は必要になったら買おう……そう思っていると、思いがけないご不幸で突然喪服が必要になり、買いに行く時間がなくて困ってしまうものです。**お通夜なら、突然のことなのでという理由から喪服でなくても参列できます**ので、手持ちの服で間に合わせられるか、考えてみましょう。

スーツの色は黒かダークグレーや濃紺、シャツは白の無地が基本ですが、ごく薄い色ならグレーや水色、薄いストライプなどの柄入りも許容されます。肌が露出する襟元の大きくあいたインナーなどは避けましょう。男性はネクタイもスーツと同じく黒かそれに近い色のものを。女性は黒いストッキングが基本ですが、なければ黒いタイツなどでもかまいません。

靴やバッグは黒で金属の飾りのないものを選びましょう。ネクタイピン、カフスボタンなどは外し、アクセサリーも真珠と結婚指輪以外のものは原則として身につけません。光るものは避ける、と考えておくと間違いありません。

ただし、**告別式は喪服が基本**です。やはり、社会人になったら喪服の用意があると、慌てずにすみますね。

Q

お通夜と告別式、どちらに出るべき？

A

できれば告別式に。それが難しい場合はお通夜に。親しい間柄なら両方に。

訃報が届くと、たいていの場合、お通夜と告別式、両方の日時が記載されていますが、どちらにきてくださいということは書かれていません。どうしたらいいのかな、と迷ってしまいますね。

もともと、お通夜は親族が亡くなった人と最後の夜をすごす身内の儀式で、親族以外の人がお別れできる公の場は告別式でした。告別式は日中におこなわれ、仕事をしている人が参列するのは難しいため、近年では親族以外でも夜におこなわれるお通夜に参列する人が多くなっています。

仕事などの調整が**可能であれば告別式に**行き、亡くなった人をお見送りしましょう。**都合がつかなければお通夜で**お悔やみをします。亡くなった人や遺族と親しい間柄であれば、**両方に参列するのがもっとも丁寧**です。両方に参列する場合、お香典はお通夜のときに渡して、告別式では記帳だけします。

知っ得！

近年では家族葬も増えています。親族以外でも参列してもよいかどうか、確認するようにしましょう。

Q

お葬式で
二重のネックレスを
注意された……。
真珠でもだめ？

A

不幸が「重なる」ことが
連想されるので避けます。

お悔やみの席では、アクセサリーが制限されますが、涙を表すホワイトパールまたはブラックパールは許されています。ただし、真珠であってもネックレスを二重にするのは避けましょう。

結婚祝いの際に忌《い》み言葉があるように、お弔《とむら》いの場にも忌み言葉があります。「重なる」「たびたび」などがそうで、弔辞や葬儀の場での挨拶などではこうした言葉は使いません。また、これらの言葉を連想させるようなものも避けられています。**二重のネックレスは二本重なっていることから不幸が重なることを連想させる**ので、向いていません。

他にも、葬儀の場での身だしなみとして「片化粧《かたげしょう》」があります。お悔やみの気持ちを表した薄いお化粧のことです。ラメやグロスなど光るものを避け、口紅なども色味の強くないものを選びましょう。髪の色が明るい場合、急にカラーリングをし直すこともできないと思いますので、低い位置でぴったりとまとめて目立たないようにしましょう。髪をまとめるゴムやピンも黒で光らないものを使います。

Q

お香典も新札でないとだめ？

A

お香典には新札は避けます。

結婚などのご祝儀には新札を用意しますが、お香典では反対に新札を入れません。新札を入れると、ご不幸があることを待って用意していたような印象になってしまうからです。お香典では、「思いもよらない急なことで、新札は用意できませんでした」という意味で、あえて**使用済みのお札を**入れます。

そうはいっても、あまりくしゃくしゃになったお札を入れるのはさすがにためらわれますね。使われたことはわかるけれどそれほど汚れていない、という程度のお札がちょうどよいのですが、そういう適当なお札がどうしてもないというときは、**新札に折り目をつけて入れてもよい**でしょう。

お香典の不祝儀袋には薄墨で名前を書きます。これも、昔、急なことで墨を濃く磨《す》れなかった墨の色が、慣習として現代にも受け継がれているという説があります。

知っ得！

お札を不祝儀袋に入れるときは、お札の表が不祝儀袋の裏側を向き、人物の肖像が下になるように入れましょう。

Q

親しい上司の親族が亡くなった……。お香典は多めに入れるべき？

A

相場どおりに。目上の人へのお香典は、多すぎると失礼にあたります。

このたびはご愁傷様でした…
痛み入ります…
って、なんか分厚くない!?

日ごろ特別にお世話になっている上司の親族が亡くなったら、通りいっぺんのお悔やみでは足りないような気がしますね。より深いお悔やみの気持ちを表すのには、金額を多くした方がよいのでしょうか。

お香典を出すと、遺族はそれに応じた返礼品を用意します。一般的に想定される額よりも多額のお香典だと、遺族はあらためて返礼品を手配しなくてはなりません。かえって負担をかけてしまうので、**相場とされる額を包む**ようにしましょう。（→269ページ）

また、お香典には、遺族を経済的に助けるという面もあります。目上の人に対して多額のお香典を渡すことは僭越《せんえつ》になりますので、避けましょう。**親族を亡くした悲しみを思いやる心づかいが、何よりのお悔やみになるはずです。**

知っ得！

会社の人へのお香典の金額は、他の人と合わせるとよいでしょう。部署などでまとめて渡す場合もあるかもしれません。

Q

「通夜ぶるまい」には出席するもの？

A

声をかけられなければ遠慮を。
声をかけられたらなるべく出席を。

「通夜ぶるまい」は、お通夜の後に参列者へお清めとして飲食がふるまわれることです。亡くなった人や遺族ととくに親しい人が出席するものも、参列者全員に案内がある場合もあり、地域などによって差があります。

通夜ぶるまいがあるのがわかっても、とくに声をかけられなければ遠慮してそのまま失礼します。**声をかけられたら、都合のつくかぎり出席**しましょう。

通夜ぶるまいでは、とり分け式の簡単な食事が用意されていることが多いので、少しだけとり皿にとって、いただきましょう。お腹一杯食べるというのは通夜ぶるまいにはふさわしくありません。お酒もひかえめに。

食事中に遺族にお悔やみや慰めの言葉をかけてかまいませんが、長話は慎みます。遺族が他の出席者と話していたら割りこまず、同席した人と亡くなった人の思い出などを話して静かにすごしましょう。

最後まで残らず、途中で退席してかまいません。帰り際には、遺族に一言挨拶をします。翌日の告別式に参列しない場合は、失礼をお詫びしておくとよいでしょう。

Q

上司が緊急入院！
すぐお見舞いに
駆けつけるべき？

A

すぐに
お見舞いに行かず、
先輩や同僚に
相談して対応します。

お世話になっている上司が急に入院、と聞いたら、じっとしていられませんね。様子も知りたいし、お手伝いが必要ならしたいし、すぐ駆けつけたくなるでしょう。でも、落ち着いて先輩や同僚と対応を相談しましょう。容体がよくないようなら、**体調が改善するまで仕事の連絡はなるべくひかえた方がよい**でしょう。連絡できる状態でも、必要最低限の連絡にかぎるようにします。連絡係はなるべく一人にして、上司や家族をわずらわせないようにしましょう。

面会ができるならお見舞いに行ってもよいのですが、**大人数でのお見舞いはひかえ、一人か二人で**行きましょう。上司へのお見舞いではお金を包むのは一般的ではありません。お花は定番と思われがちですが、害虫や感染症の問題から病室へ持ちこめません。どうしてもお花を贈りたい場合、ガラスケース入りのプリザーブドフラワーがおすすめです。食べ物も、病状によっては食べられない可能性もあるので確認が必要です。

趣味がわかっている相手なら、それに関連する本や雑誌もいいですね。お見舞いでは入院中の本人や家族に負担をかけないことを心がけましょう。

Q

贈り物をもらってすぐにお返しを送るのは失礼と聞いたけれど……？

A

一か月以内にお返しを手配しましょう。

ありがとうございます！
で！っ礼が、そのお返しです！
あ…え？
ありがとう…

たとえば、何か贈り物をもらった翌日にお返しを送ると、あらかじめもらうことを想定してお返しを用意していたように思われそうですね。それくらいの「すぐ」は、失礼とはいわなくても、ちょっと体裁が悪いかもしれません。

このように極端に早すぎるのは考えものですが、**基本的にはお返しはあまり遅くならない方がよい**でしょう。遅くなりすぎると贈り物をした人の方がもう忘れてしまって「これ、どうして送られてきたんだろう？」と不可解な気持ちになり、お礼の気持ちが伝わらないかもしれません。

お返しを送る期限の**目安は一か月以内**です。一か月以内なら、「ああ、この間の贈り物のお礼だな」とわかってもらえます。もし何かの都合で遅れるなら、「先日は○○をお送りくださいましてありがとうございました」と手紙を添えて送るようにしましょう。

知っ得！

果物や魚介類などの生鮮食品を送るときは、先方の都合を確認してから送る方がよいでしょう。

Q

お祝いの半返しって必要なの？

A

お祝いをいただいたらお返しをしましょう。金額の半分ほどのものを目安に。

「おめでとう」と言われたら「ありがとうございます」とお礼を言いますね。物品のやりとりもそれと同じ。お祝いをいただいたらお礼を贈りましょう。**ご祝儀をいただいたお礼には、品物を贈るのが一般的**です。**金額の目安はいただいた額の半分くらい**。ただし、親しい目上の人などが普通よりも多めにくれたというような場合は、必ずしも半分でなくてかまいません。多かった分は気持ちとして受けとり、相場の額のお礼を贈ります。反対に年下の人からのお祝いには、少し多めのお返しになっても失礼にはあたりません。

こうしたお礼は実際には「お返し」ですが、贈るときには「お返し」としては贈りません。たとえば出産や新築のお祝いをいただいたら、「内祝い」（身内のお祝いの記念）などとして贈ります。そういった名目をつけにくい場合は、お中元やお歳暮などとして届けてもよいですね。

知っ得！

親しい友達からの品物でのお祝いなら、半返しにこだわらなくてよいでしょう。雑貨やお菓子などを気持ちで。

結婚式のご祝儀の金額の目安

お祝いの金額は間柄で変わります。
会社関係の人なら、出席する同僚や先輩たちと
相談して金額を揃えるとよいでしょう。

新郎新婦との間柄	金額の目安（20代）	金額の目安（30代）
同僚	2～3万円	3万円
上司・先輩	2～3万円	3万円
部下・後輩	2～3万円	3万円
取引先	3万円	3万円
友人	3万円	3～5万円
親族	5～10万円	5～10万円

Q 連名で包むときは？

A 祝儀・不祝儀袋の上包みに書く名前にも順番があります。

二～三名のとき：中央に代表者の名前を書きます。その左に役職順に名前を書きます。フラットな関係なら左右均等に。

四名以上のとき：代表者の名前を中央に、その左下に「○○一同」と記入し、代表者以外の名前を別紙に書き同封します。

葬儀のお香典の金額の目安

お香典も故人との間柄で金額が変わります。
自分の経済的な事情を踏まえて、
無理のない金額を包みましょう。

故人との間柄	金額の目安（20代）	金額の目安（30代）
同僚・上司・部下	5,000円	5,000〜1万円
同僚・上司・部下の家族	3,000〜5,000円	3,000〜1万円
取引先	5,000円	5,000〜1万円
友人	5,000円	5,000〜1万円
祖父母	1万円	1〜3万円
両親	3〜10万円	5〜10万円

Q 不祝儀袋の表書きは？

A 宗教、宗派によって表書きが変わります。

御霊前：神式と浄土真宗以外の仏教でのお通夜、告別式に。

御仏前：仏教での四十九日の法事以降に。浄土真宗では、お通夜、告別式から「御仏前」です。

御神前：神式の場合に。「御玉串料」でもOKです。

御ミサ料：カトリックの式に。

御花料：プロテスタントの式に。

PART 8

円満に仕事が進む「コミュニケーション」のマナー

コミュニケーションのマナー三箇条

1

挨拶に過剰はありません。

元気な声と表情がポイント。相手より先にできるとベストです。

2

「報連相」はすみやかに。

後回しにしがちですが、悪い報告ほど早く伝えましょう。

3

相談はどんなことでも。

些細なこと、仕事以外のこと、抱えこまずに相談しましょう。

Q

エレベーターが閉まるまでお辞儀していないといけない？

A

閉まりはじめたらお辞儀をして、頭を下げたまま閉まるのを待ちます。

「失礼いたします」と挨拶をして頭を下げたものの、エレベーターの扉がなかなか閉まらず、いつ頭を上げていいものやら……。タイミングが難しいですね。これは、見送る方にも、見送られる方にもありがちなことではないかと思います。

エレベーターに乗ってもすぐに扉が閉まらない場合があるので、挨拶をしながら扉の閉まりはじめるのを待ちましょう。**閉まりだしたら頭を下げて、そのまま扉が閉まりきるまで**、つまり相手に見えなくなるまでお辞儀をキープします。この要領なら何度も頭を下げることによる気まずい思いを回避できます。

同じようなケースとして路上での人や車の見送りがあります。この場合も、相手が見えなくなるまでずっとお辞儀をしているのはちょっとたいへん。お見送りの挨拶をしたときや、車が出発したときに一度お辞儀をしたら、その後は頭を上げて相手を見守り、曲がり角の直前や、姿が見えなくなるあたりでもう一度お辞儀をするとよいでしょう。見守っている間は先方からもあなたが見えますので、ふらふらしたりせず、にこやかに見送りましょう。

Q

お辞儀の角度は30度って、絶対!?

A

お辞儀にもバリエーションがあり、30度はその一つです。

お辞儀に種類があるの!? とびっくりするかもしれませんが、案外ふだんの暮らしの中で自然に使い分けているものです。それぞれのお辞儀の目安をあらためて確認してみましょう。

お辞儀は大きく分けて三段階あります。**ちょっとすれ違ったときなどにするお辞儀は会釈**。軽いお辞儀で、角度の目安はだいたい15度くらいです。**お客様との挨拶などのときにするのが普通礼（敬礼）**と呼ばれるもっとも一般的なお辞儀で、30度くらいを目安にします。**あらたまったお礼やお詫びのときにするのが丁寧礼（最敬礼）**という深いお辞儀で、目安は45度くらいです。

鏡で自分のお辞儀を確認してみましょう。丁寧礼は直角の半分、普通礼は直角の三分の一、会釈は普通礼の半分です。どのお辞儀も、首を曲げて頭を下げるのではなく、背筋から首にかけてはまっすぐに伸ばし、腰を折って頭を下げることを意識しましょう。頭を下げたら二、三秒キープ。お辞儀の前後には、相手としっかり目を合わせて。角度にこだわるより、相手への敬意を意識すると、自然と心のこもったきれいなお辞儀ができますよ。

Q

瓶《びん》ビールを注ぐときは、ラベルを上にするものなの？

A

ラベルを上にしておくと無難です。

近年、お酌《しゃく》の際はラベルを上にして注ぐのがビールのマナーといわれるようになりました。理由ははっきりしませんが、注ぐとき銘柄がわかるようにするためではないか、ラベルを汚さないようにラベルを上に向ける、ワインの注ぎ方がビールにも応用されたのではないかなど、いろいろな説があります。

一部の人の間での慣習とも考えられ、正式なマナーではありませんが、ラベルを上にするべきと思う人がある程度いるなら、**ラベルを上にして注ぐのが無難**でしょう。注ぐときは**上から瓶を持ち、空いた手を瓶の下側に添えて両手で**注ぎます。片手で注ぐと不安定で危なく無造作に見えるので、必ず両手で。

瓶からグラスに注ぐときには、瓶とグラスが触れないように気をつけましょう。グラスの縁は口をつけるところなので、大勢の人に注いで回るときにはとくに配慮が必要です。

あなたがビールを注いでもらうときは、グラスは両手で持つようにしましょう。注がれたらお礼を忘れずに！

Q

徳利《とっくり》の注ぎ口からお酌《しゃく》をしちゃだめって、ホント？

A

注ぎ口から注いで問題ありません。

注ぎ口から注がないなら、注ぎ口ってなんのためにあるの？ と不思議に思いますね。注ぎ口を「切れ目」と考えて、縁が切れてしまうから注ぎ口を避ける、などいろいろな説があるようですが、実際に注ぎ口ではないところからお酌をする人はあまりいないようです。**注ぎ口から注いでよい**でしょう。

お酌をするときは、黙って注がず、**「いかがですか？」「お注ぎします」などと声をかけましょう。**テーブルの上に置いたままのお猪口《ちょこ》にお酒を注ぐのは置き注ぎといってマナーから外れるので、相手がお猪口を手に持つのを待って注ぎます。徳利は上から持って反対の手を下側に添えましょう。

瓶ビールやワインと違って、徳利に入った日本酒はお酒が残っているのかどうか見た目ではわかりません。でも、徳利をのぞきこんではいけません（のぞき徳利）。振ってみるのもNGです（振り徳利）。重さで判断しましょう。

知っ得！

お酌をしてもらったときは、一口いただきましょう。注いでもらって飲まずにテーブルに置いてしまわないように。

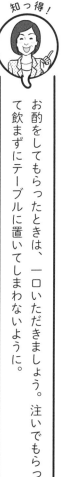

Q

乾杯のとき、目下の人はグラスを下げるという都市伝説が……。

A

グラスは少し下げて乾杯が無難です。

部下が上司よりもグラスを高く上げて「かんぱーい！」というのは、ちょっと元気がありすぎるようです。**目上の人のグラスの縁より、下の方に合わせるように**しましょう。グラスにかぎらず、自分のものを目上の人よりも上にするのは避ける、と考えておくとよいですね。

また、目上の人との乾杯では、空いた手をグラスの底に添えて両手で持ちましょう。片手で乾杯をすると、なんだか相手よりも偉そうに見えてしまいますね。

たいていは「乾杯」の音頭でグラスを上げると思いますが、その後それぞれがグラスを合わせるとき、会合の趣旨に合わせて「お疲れさまでした」「よろしくお願いします」など、簡単な挨拶の言葉をかけるとよいでしょう。上等なグラスが割れては台なしなので、グラスはあてることなく、近づける程度に。

知っ得！

乾杯の前には、グラスが行き渡っているかすばやく周囲をチェック。手ぶらの人がいたらすぐグラスの手配を。

謎マナー？？

Q

SNSに上司からの「友達」申請、ことわっていい？

A

とりあえず承認して様子を見るのがおすすめです。

課長から友達申請きちゃった…
友達OK？
マジッスか…

プライベートのSNSに、上司からまさかの友達申請！　仕事から離れて気楽に楽しみたい場なのに……。ちょっと困ってしまいますね。

でも、もしかすると、上司も何かあったときの仕事の連絡手段として考えているのかもしれません。たんに見知った名前を見つけて申請しただけで、深い理由はない可能性もあります。**承認をしてみて、少し様子をうかがってみる**のはいかがでしょうか。あなたがSNS上での交流をとくに望んでいない場合、積極的にコンタクトをとる必要はありません。

また、積極的なコンタクトがあったとしても、案外楽しい付き合いができるかもしれません。共通の趣味や話題が見つかって新しい関係を築くことができたら、それこそがSNSの真価。うまくコミュニケーションがとれるようになって、仕事の上にもよい変化があったら、さらにすばらしいことです。

もし、やっぱりちょっと遠慮したいな……ということであれば、**閲覧制限をかけるなどの手段で、そっと距離を置くこともできます**。なるべく角を立てず、丸くおさめることを心がけましょう。

Q

挨拶ができていないと叱られた。していているつもりなんだけど。

A

相手より先に挨拶をするように心がけましょう。

ひょっとして、相手からされた挨拶に対して挨拶を返しているだけではないでしょうか？　これは「返事」と受けとられて、「挨拶」として認めてもらえていないのかもしれません。**挨拶は先手必勝**。自分からどんどん挨拶をしましょう。とくに若い人は自分から挨拶をするのに遠慮はいりません。

相手より先に挨拶をしようとすると、自然に相手と視線を合わせようとして、自分から近づいていくようになります。自分から声をかけるときには、はっきりとした大きな声が出るようになります。こうした相手に対する生き生きした働きかけが、「挨拶」として印象に残ります。

そして**挨拶には何より笑顔が大切**です。マスクで口元が見えないこともあるので、目元の表情にも気を配りましょう。とくに眉は表情を表す重要なパーツなので、前髪で隠れてしまわないように。男性やあまりお化粧をしないという人も、眉だけはしっかり整えたり描いたりしてみてください。

挨拶のチャンスは一日の中でもたくさんあります。何度でもトライして挨拶の達人を目指しましょう。

Q

何回もすれ違う人と、どんな挨拶のしかたがありますか？

A

最初は「お疲れさまです」などの軽い挨拶を。以降は会釈程度で。

社内の廊下などで一日に何度もすれ違う人がいますね。同期なら「よく会うね～」と笑ってすれ違えるけれど、そんなに親しくない人だとちょっと気まずい……。どんな挨拶がふさわしいでしょうか。

はじめは「お疲れさまです」などの軽い挨拶をしましょう。**それ以降つづけて会ったときは、会釈程度**で問題ありません。「また会っちゃった……」というもじもじした感じにならないように、自然に目を合わせてにこっと笑えるとよいですね。

相手が忙しそうなら、それほどしっかりアイコンタクトをとらなくてもよいでしょう。反対に、疲れているようなら「お疲れさまです。寒いですね」などとちょっとした言葉をかけてもいいかもしれません。相手は何をしてほしいかな、と考えると、自分がどうふるまったらよいかわかりそうです。

知っ得！

社内のちょっとした挨拶も、朝なら「お疲れさまです」より「おはようございます」がいいですね。

Q

「報連相」のタイミングがつかめない……。

A

上司に「アポ」をとりましょう。遠慮はいりません！

「報連相（報告・連絡・相談）は仕事の基本」とさんざんいわれるけど、上司はいつも忙しそうに飛び回っていて、報連相タイムがなかなかもらえない。そんな悩みを持っている新人さんはたくさんいます。

上司にアポをとってみてはどうでしょうか。**「○○の件でご相談したいのですが、○分くらいお時間いただけるタイミングはありますか？」**という具合です。「今いいよ」と言ってくれるかもしれませんし、都合のよい時間を指定してくれるかもしれません。ちょっと眠くなりがちなお昼休みの後などはねらい目。上司としても眠気覚ましにちょうどいいので、気前よく時間をとってくれたりします。

「報連相」したいことは、あらかじめ簡単なメモを作るなどしてまとめておきましょう。短い時間で要領よく相談できるようになると、上司も気軽に「報連相」に応じてくれます。

「報連相」はする方にとっても、受ける方にとっても重要な仕事です。とくに悪い報告ほど尻ごみしがちですが、早めに「報連相」しましょう！

Q

先輩や上司にプライベートのことを相談してもいいの？

A

プライベートの悩みでも、人生の先輩の力を借りましょう。

将来のこと、恋愛のこと、家族のことなど、どんな人もそれぞれ悩みはたくさんあるでしょう。誰かに相談したくても、あなたも友達もお互い忙しく仕事をしているし、それほど頻繁《ひんぱん》には会えません。気がつくと、毎日顔を合わせていちばん長く一緒にいるのは会社の人。でも、個人的なことを話したら迷惑かなあ……とためらってしまいますね。

あまり遠慮をしなくてよいのではないでしょうか。**思いきって相談**してみましょう。いきなり「個人的なことでご相談が」と切り出す勇気がなければ、**ランチのときや外出時の移動時間がチャンス**です。「最近ちょっと○○で迷っていて」などとさりげなく切り出してみて、「どうしたの？」とたずねてくれたら、事情を話してみましょう。時間もかぎられているのでお互いあまりストレスなく話せるはずです。もし相手が「もっとしっかりアドバイスしてあげたい」と思ったら、機会をあらためて時間をとってくれるかもしれません。

相談を持ちかけるのは、相手を信頼しているというメッセージ。信用され、頼られるのはうれしいものです。安心して力を借りましょう。

Q

ハラスメントを受けたときは？

A

自分一人で抱えこまずに相談しましょう。

ハラスメントというとセクシャルハラスメントが真っ先に思い浮かびますが、近年、ハラスメントは多様化しています。パワーハラスメント、モラルハラスメント、アルコールハラスメント、ジェンダーハラスメント、マタニティハラスメント、ソーシャルメディアハラスメントといったものもあります。いずれも、上下関係などを悪用する嫌がらせです。

嫌な思いをしたとしても、一回なら何かの行き違いということもあるかもしれないので、少し様子を見てもよいかもしれません。でも何度も繰り返されて不愉快だったり傷ついたりしたら、**一人で悩まずに誰かに相談**しましょう。

まずは同僚や先輩に打ち明けて相談に乗ってもらい、それで解決法が見つからなければ人事を担当している部署に相談しましょう。社内で対応できなければ、地域の労働基準監督署などが解決の手助けをしてくれます。**我慢しすぎて追いつめられた気持ちになってしまう前に、周囲の力を借りましょう。**

また、誰かがハラスメントで悩んでいたら、見すごさず、力になってあげてください。

Q

同期の仲間なら、あだ名や呼び捨てでもいい？

A

業務中は「○○さん」と呼びましょう。

名前で呼んでほしいんですけど…
メーガネクーン！ごはんいこー！

職場の同期の仲間は、学生時代の友達とは少し違う心強い味方。研修や同期会などを通じて親しくなり、お互いをあだ名や呼び捨てで呼ぶ関係になっている人もいると思います。

でも、**業務中はあだ名も呼び捨ても封印。「○○さん」とさんづけで呼びましょう。**「○○君」も職場ではあまり好ましくありません。男性でも女性でもさんづけが基本です。

話し方も「です・ます」などあらたまった言葉づかいを心がけましょう。親しい間柄でも、仕事中はお互いに甘えてしまわないように、責任ある社会人同士として接しましょう。

業務を離れたら、仲間内のあだ名や呼び捨てで、楽しい会話を。けじめのある付き合いは、仕事と友情の両方のプラスになりますよ。

知っ得！

かわいがっている後輩も、業務中は敬意をもって「○○さん」と呼びましょう。言葉づかいも丁寧に。

Q

在庫がないので「ありません」と言ったらお客様に怒られた……。

A

お客様の要望に沿えないことをお詫びする言葉を添えましょう。

ないものをあるとは言えないし、怒られても……。ため息をつきたくなりますが、伝え方の一工夫で、お客様を怒らせずにすむかもしれません。

「ない」という情報を伝える前に、まず、要望に沿えなくて申し訳ないというお詫びを伝えてみましょう。**「たいへん申し訳ありませんが、ご注文の商品は現在在庫がございません」**という具合です。この「申し訳ありませんが」のような言葉は「クッション言葉」といわれています。用件の前に言うことで、用件が相手にもたらすインパクトをやわらげてくれる言葉です。「申し訳ありませんが」と言われたら、相手は「商品は手に入らない」ということを察して心の準備ができますし、「謝っているし、しかたがないか」と落ち着いて受け入れやすくなります。

ここからさらにがんばってみましょう。別の商品を紹介するなどして、**相手の要望にこたえようとする姿勢を示して**ください。「ありません」という否定的な対応で終わらず、相手の役に立つための提案をすれば、お客様はあなたの誠意を感じとってくれるはずです。

Q

お客様が事実誤認している。でも指摘しにくい……。

A

「説明不足で申し訳ないのですが」と切り出して、正しい説明を。

なに?
お客様 それは 勘違い されてますよー
ピピー アウトー!!

相手が何か勘違いをしているとき、家族や友達なら「そうじゃなくてさ」と気軽に言えますし、相手も「あ、そうか」ですみます。でも、仕事のお客様となるとそう簡単ではありませんね。どんなふうに伝えたらいいでしょうか。

「勘違いをされているようです」「そうではありません」のような直接的な表現は避けます。お客様としては、よく知らない人にずばりと**「あなたは間違っている」と指摘されたら、いい気持ちがしない**はずです。

そこで「原因は弊社の方にあります」といった意味合いのクッション言葉を使ってみましょう。たとえば**「私どものご説明不足で申し訳ないのですが」「説明書がわかりにくくて恐縮ですが」**のような言葉の後に、「そちらの商品は組み立て式でございます」などと正しい情報を伝えます。お客様は、気まずい思いをせずに、自分が勘違いをしていたということを受け入れることができるのではないでしょうか。

ビジネスでは、言いにくくても必ず伝えなければならないことがあります。相手の気持ちを想像して、受け入れやすい言葉を探してみてください。

Q

仕事のために方言を直すべき？

A

標準語が基本ですが、方言を無理にあらためる必要はありません。

旅行先などで耳にした地元の言葉の意味が全然わからなかった、という経験はありませんか？　もし、仕事でそういった言葉が使われていたら、情報がうまくやりとりできませんね。

仕事で使う言葉は、誰にでも伝わることが大切なので、どの地域の人にも通じる標準語を使うことが原則になります。とくに、電話は全国どの地域からかかってくるかわからないので、標準語で対応することが求められます。また、会議や謝罪などのあらたまった場には標準語がふさわしいでしょう。

とはいえ、絶対に方言を使ってはいけない、ということではありません。方言を完全にあらためるのは難しいという人もいるでしょう。標準語を使うことを意識するだけでも、じゅうぶんに通じる言葉になります。正確に伝える努力をしていれば問題ありません。

地元の言葉を大切にしている地域では、仕事でもその地域の方言を使った方が喜ばれるということもあります。正確さとコミュニケーションのとりやすさのバランスをうまくとれるといいですね。

Q

パソコンの苦手な上司が何やら苦戦中。教えてあげたいけど……。

A

「お手伝いできることはありますか？」とさりげなく声をかけてみましょう。

「おかしいなあ……」ぶつぶつ言う声が聞こえてきて、ちらっと見ると上司が表計算ソフトとにらめっこ。たぶん解決してあげられると思うけれど、余計なお世話だと怒られるかも……。こんなときどうしたらよいでしょう？

上司の仕事とはいえ、会社の仕事。滞《とどこお》るのはよくないので協力しましょう。ただし、「教えてあげますよ」と言うと上司の顔をつぶしてしまうので、言い方を一工夫します。何かのついでをよそおって**「お手伝いできることはありますか？」**と声をかけてみましょう。

「ない」と言われたら、上司は力を借りることを望んでいないので、そのまま引きさがります。「助かるよ～」と言われたら、**「こうしたらよいのではないでしょうか」**といった提案をするようなニュアンスで、解決方法を示しましょう。上司への敬意を示しつつアシストできるといいですね。

知っ得！

上司と違い、「わからない」と堂々と言えるのは新人の特権。誰にでもどんどん教えてもらいましょう。

Q

「本日は無礼講《ぶれいこう》！」の「無礼」はどのあたりまでセーフ？

A

ふだんより少し個人的な話をしていい、程度に考えておきましょう。

職場の飲み会で、上司から「本日は無礼講」宣言。それではさっそく！　というわけで部長に突撃して「〇〇ちゃん、飲んでる〜？」なんて言ってしまったら、たいへんですよ！

「無礼講」は身分の上下などにかかわる礼儀をとりはらった宴会のことですが、職場の飲み会の「無礼講」は、文字通りに受けとることはできません。**基本的に礼儀は通常の基準のまま。**上司は上司、部下は部下としてふるまいます。お酌《しゃく》の順番は役職の上の人から、言葉づかいは敬語、もちろん上司をちゃんづけで呼んではいけません。

とはいえ、上司が「無礼講」と言ったのは、その飲み会で上司と部下の親睦を深め、コミュニケーションをとらせたいからです。その意図をくんで、礼儀をわきまえつつ、職場ではあまりしたことのない**趣味など個人的な話**をしてみてはどうでしょうか。「お休みの日は何をされているのですか？」とたずねたり、あなたの方からも「私はいつかメジャーリーグの試合を見に行きたいです」などと話したり。これくらいが「無礼講」の安全圏です。

Q

飲めないけど、「ビールで乾杯」はパスできない？

A

形だけお付き合いで、グラスに口をつければOK！

宴会で乾杯というとほぼ自動的にビールが出てきますね。たった一杯とはいえ、お酒の飲めない人にとっては手に余る量で困ってしまうと思います。でも、**乾杯だけは、ビールで**してしまいましょう。

乾杯の際にソフトドリンクなどを注文していると、ビールが行き渡ってもソフトドリンクが間に合わず、乾杯を待たせてしまうことがあります。宴会とはいえ、スタートでもたつくのは避けたいもの。こういうときは会の進行を優先させましょう。**ビールで乾杯したら、グラスに口をつけるだけで、実際に飲まなくてかまいません**。

飲めないお酒を飲んで体調を崩すと困るので無理は禁物です。すすめられたら「アルコールはいただけないので」「不調法《ぶちょうほう》（お酒のたしなみのないこと）で」などと辞退しましょう。穏やかにことわれば、雰囲気も壊れません。

知っ得！

宴会の幹事を担当するときは、お酒の飲めない人の乾杯用にソフトドリンクも用意しておくと親切ですね。

Q

上司より高いメニューを頼んではいけないの？

A

少しひかえめなものを頼んでおくとよいでしょう。

部署の食事会や飲み会などで、「何でも好きなものを頼みなさい」と言われたら、何を選びますか？　本当に好きなもの？　あるいはみんなと同じようなものに合わせますか？

部署の食事会などは、**上司のおごりになるかもしれない**、ということを心にとめておきましょう。そういうときのメニュー選びは、高すぎると負担をかけてしまいますし、安すぎると経済力を侮《あなど》っているようになってしまいます。無難なのは、**上司より気持ちひかえめな値段のものを選ぶ**ことです。

飲み会のときは、お酒のおかわりも多すぎず遠慮しすぎずに。理由はメニュー選びと同じです。上司と同じくらいのペースで飲んでいると安心です。すすめられたら若者らしく、遠慮せずにいただいてかまいません。もちろん、お酒の苦手な人は無理をせず、自分の飲める分量でＯＫです。

会計で「今日はいいよ」と上司が言ってくれたら、一度は遠慮します。それでも「大丈夫だから」と言ってくれたら、「ありがとうございます。ご馳走《ちそう》になります」とお言葉に甘えましょう。翌日、お礼の一言も忘れずに。

Q

大皿料理、若手がとり分けないとだめ？

A

「おとり分けしてもいいですか？」と元気に申し出ましょう。

部長！
私やります　やります！
あ、大丈夫大丈夫
私、得意だから
何食べる？

　職場の飲み会で大皿の料理が出てきたとき、誰も手をつけようとしないということがあります。せっかくのあつあつの料理が、どんどん冷めていく……。

　こんなとき、上司にとり分けられたら恐縮してしまいますね。**若手社員が「おとり分けしてもいいでしょうか？」と申し出ましょう。**とり分けた料理は、役職の上の人から渡します。多少分量がばらついてもかまいません。「あ、すみません、ちょっと少なかった！」などと笑顔でフォローすればＯＫです。

　とり分けるときに、自分のお箸を上下逆にして使うのは「逆さ箸」といって避けるべき使い方です。お店の人に頼んで、とり箸をもらいましょう。

　飲み会とはいえ、上司や先輩はさりげなくあなたの気配りの能力を見ています。積極的に動いて損はありません。また、上司たちの会話に仕事のヒントが隠れていることも。よく耳を傾けつつ参加しましょう。

大皿に最後にぽつんと一つだけ残ってしまう料理を「遠慮のかたまり」などといいます。食べてあげて！

Q

飲み会の後、取引先や上司にお礼の連絡が必要なの？

A

取引先ならマスト。上司ならお礼の一言を心がけましょう。

取引先や上司など、目上の人との飲み会。気をつかってちょっと疲れますね。終わってのんびりしたいけれど、「当日の帰宅中に飲み会のお礼のメールをする」という噂のことが気になりはじめて……。

先方からの招待でも、こちらからの接待でも、取引先の人との飲み会の後は、「ご招待をありがとうございました」「お付き合いいただきありがとうございました」などのお礼の連絡を入れましょう。噂にあるような当日の帰宅中でなくてかまいません。**翌日の午前中のうちに電話かメールでお礼の連絡**をするとよいでしょう。もし、訪問の予定などがあって相手と会えるなら、直接挨拶するのがベストです。

上司との飲み会なら、**飲み会の翌日に出勤したときに直接挨拶**すれば問題ありません。本社と支社など勤務先が別で会えないというような場合なら、メールや電話を入れましょう。

飲み会といっても、取引先や上司との飲み会は半分仕事のようなもの。お礼の連絡までが仕事と思って、きっちり完了させましょう。

Q

飲み会の参加をことわりたい!

A

具体的な理由を伝えると角が立ちません。

職場の飲み会に誘われると、都合が悪くてもことわりにくいですね。付き合いの悪い人だと思われると、仕事がやりにくくなりそうです。でも、無理して付き合うと飲み会そのものが苦痛になってしまいます。上手にことわる方法はないでしょうか。

「予定があるので」ということわり方は、あまりおすすめできません。行きたくない飲み会のことわりの決まり文句という感じで、ことわられた方は「気が進まないんだな」と思ってしまいかねません。ことわるときには**参加できない理由を具体的に**伝えましょう。「帰省予定で新幹線を予約してあるので」「お芝居のチケットをとってある日なので」など、遊びに行く予定でもかまいません。車検や家の更新、大きな買い物など、金銭的事情も理由にあたります。

ことわった後には**「次は参加したいので、またよろしくお願いします！」**とつけ加えましょう。「誘われたのが迷惑なわけではないのだな」と相手が思ってくれれば、飲み会に参加できなくても職場で浮いてしまうことはありません。そして、次の飲み会にはなるべく参加できるように調整しましょう。

Q

お昼休みに
社内で同僚と
自撮りした写真、
SNSにアップ
してもいい？

A

社内の写真の公開は
ひかえた方が
よいでしょう。

ランチタイムに同僚とお弁当を食べながら自撮りした写真をSNSにアップして、職場での自分を友達に報告！　でもその写真、本当に公開して問題ないでしょうか？

社内には、仕事に関するいろいろなものが置かれています。開発中の商品や、売り上げ実績、業務予定など、ふだんあなたがあたり前に目にしているものも、社外の人からすれば通常知ることのできない貴重な情報です。社内で自撮りする写真にはこういったものがたくさん写り込んでしまいます。このような写真がSNSで不特定多数の人に閲覧されると、**会社の情報が流出する可能性がありとても危険**です。社内での自撮り写真を公開するのはひかえた方がよいでしょう。

どうしてもSNSにアップしたいという場合は、**会社のロビーやカフェスペースなど、社外の人にもオープンになっている場所で**撮った写真にしてはどうでしょうか。こういったところには、見られて困るものは置かれていないのでそれほど心配はいりません。

Q

SNSに仕事の悩みを書いていい？

A

誰に読まれてもよい内容だけ書きましょう。

かちょーからまた注意、ってかそれ私じゃないし wwww　#ぐち
5分
かちょーから30分おせっきょーマジ勘弁　#ぐち
51分
その説明、係チョーからきいてたし！　#かちょーのぐち
1時間
かちょー時々おかーさんに見えるー wwww　#ぐち
よかれと思っているんだけどね……
かちょー

仕事でミスをしたことや、上司に叱られたことなど、誰かに聞いてほしい愚《ぐ》痴《ち》や悩みは誰にでもあります。手軽なSNSに書いてスッキリしたい、という気持ちがあるかもしれませんが、要注意です。

SNSは**不特定多数の人に読まれることを前提に、誰に読まれても困らない内容だけを書く**ということを徹底しましょう。仕事のことは書かないのが安全です。

会社に勤める人、仕事をする人には守秘義務があります。**会社や業務の機密情報を外に漏らさない**という義務です。この義務に違反するような書きこみはNG。勤務先、取引先、人の名前、会社で扱っている商品・サービスの名称や内容などを書きこむことは避けましょう。閲覧制限をかけていたとしても、一度投稿すると証拠は残るので気をつけて。

SNSは私的な空間、と思いがちですが、インターネットというメディアを利用しているだけで、社会に開かれた公の場所。人前に出ているのだということを忘れないようにしましょう。

監 修

利重牧子 とししげ まきこ

企業研修講師、日本ウェルネス歯科衛生専門学校講師、産業カウンセラー、アンガーマネジメントジャパン公認実践リーダー。

慶應義塾大学文学部哲学科卒業。

日本航空株式会社の国際線客室乗務員として勤務後、日本航空株式会社の子会社で研修や講演など数多くの実績を積み上げ、独立。誰もが働きやすい職場作りのための問題解決や、マナー・ルールの定着、部下指導・オンライン研修などにとり組んでいる。

主な著書に『新人の「?」を解決する ビジネスマナーQ&A100』(同文舘出版)など。

デザイン　小口翔平+須貝美咲(tobufune)
イラスト　ひらのんさ
構成　そらみつ企画
編集協力　パケット
校正　くすのき舎

もう「謎マナー」に振り回されない
社会人が今知っておくべき
「これだけ」マナー

2022年2月10日　第1刷発行
2022年6月10日　第2刷発行

監修者　利重牧子
発行者　永岡純一
発行所　株式会社永岡書店
〒176-8518 東京都練馬区豊玉上1-7-14
代表 03(3992)5155　編集 03(3992)7191
DTP　センターメディア
印刷　誠宏印刷
製本　コモンズデザイン・ネットワーク

ISBN978-4-522-45406-0 C0176